Der konstruierte Flüchtling

II

Johannes Stephens

Der konstruierte Flüchtling

Eine Analyse zur Konstruktion des Flüchtlingsproblems in Europa

III

IV

Bibliografische Information der Deutschen Nationalbibliothek:

Die Deutsche Nationalbibliothek verzeichnet diese Publikation in der Deutschen Nationalbibliografie; detaillierte bibliografische Daten sind im Internet über http://dnb.dnb.de abrufbar.

© 2019 Johannes Stephens

Herstellung und Verlag: BoD – Books on Demand, Norderstedt

ISBN: 978-3-7494-6518-7

Inhaltsverzeichnis

Einleitung

Alle Menschen sind gleich und es gibt keine vermeintlich „besseren" und „schlechteren" Menschen, da jede/r Einzelne als Mensch auf dieser Welt geboren wird. Alle sind vom Ursprung her gleich, gleichwertig und die Würde des Menschen ist unantastbar, zumal der Geburtsort nicht frei wählbar ist.

Als „Flüchtlinge" werden Menschen bezeichnet, welche unter Druck dauerhaft ihren Wohnort wechseln müssen. Niemand verlässt gerne sein Heimatland und seinen Lebensmittelpunkt – die Orte an denen er/sie aufgewachsen ist und wo er/sie viel erlebt hat. Doch „Flüchtlinge" müssen dies tun und flüchten, um das eigene Überleben zu sichern und sich eine Zukunft in der Fremde aufbauen zu können. Im Jahr 2018 waren ca. 70,8 Millionen Menschen weltweit auf der Flucht. Diese Menschen fliehen vor Krieg, Folter, Bürgerkrieg und anderer Verfolgung sowie lebensbedrohlicher Armut oder Naturkatastrophen. Davon leben rund 84% der Geflüchteten nach wie vor in Entwicklungsländern[1]. Die Zahl der Menschen, welche innerhalb ihres eigenen Landes vertrieben wurden, liegt bei 41,3 Mio. – im

---

[1] Vgl. https://www.uno-fluechtlingshilfe.de/informieren/fluechtlingszahlen/

Vergleich zu 40 Millionen im Jahr davor. Dies betrifft vor allem Menschen aus Syrien, Kolumbien und der Demokratischen Republik Kongo.[2]

Fast die Hälfte der Flüchtlinge weltweit sind Kinder unter 18 Jahren. Die fünf größten Herkunftsländer von Flüchtlingen sind: Syrien mit 6,7 Mio. Geflüchteten, Afghanistan mit 2,7 Mio. Geflüchtete, Südsudan mit 2,3 Mio. Geflüchteten, Myanmar mit 1,1 Mio. Geflüchteten und Somalia mit 0,9 Mio. Geflüchteten. Dabei leben fast 80% der Flüchtlinge in einem angrenzenden Nachbarsland und somit in Entwicklungsländern. Bei nur 3,5 Millionen geflüchteten Menschen handelt es sich um sog. Asylsuchende, welche anderswo internationalen Schutz als Flüchtlinge suchen und als solche registriert sind[3].

Die kleine Gruppe von Flüchtlingen, welche dennoch ihren Weg nach Europa gefunden hat, begegnet hier einem System der Ablehnung und hat einen schweren Weg bis zur Integration und den Möglichkeiten der Teilhabe vor sich. Durch ihre Flucht und die Verfolgung im Heimatland bringen die Flüchtlinge eine oftmals tragische Geschichte mit

---

[2] Vgl. https://www.uno-fluechtlingshilfe.de/informieren/fluechtlingszahlen/

[3] Vgl. https://www.uno-fluechtlingshilfe.de/informieren/fluechtlingszahlen/

sich und es bedarf eines gesonderten Umgangs mit diesen traumatischen Erlebnissen.

Doch sind diese Fluchtbewegungen nach Europa, wie in den Massenmedien und von der Politik dargestellt, ein sogenanntes „soziales Problem"? Dieser zentralen Fragestellung wird in dem vorliegenden Buch nachgegangen und es wird aufgezeigt wie und mit welchen Mechanismen bzw. Interessen dieses soziale Problem konstruiert und etabliert wird.

Niemand setzt sich leichtfertig nachts in ein marodes Boot, wissend, dass der Tod droht. Niemand setzt alles aufs Spiel, lässt alles los – die Heimat, Besitz, Familienangehörige, vielleicht sogar Kinder – und das alles nur in der Hoffnung auf den Bezug von Sozialleistungen. Wer Asyl sucht, kämpft oft ums Überleben. Weil im Herkunftsland Krieg herrscht, Verfolgung droht, Diskriminierung an der Tagesordnung oder die eigene Existenz permanent in Gefahr ist.

Flüchtlinge zu schützen ist eine humanitäre und völkerrechtliche Verpflichtung, die keiner Kosten-Nutzen-Rechnung unterliegen darf. Das Asylrecht in der deutschen Verfassung, die Genfer Flüchtlingskonvention und die Europäische Menschenrechtskonvention, die zum Flüchtlingsschutz verpflichten, wurden als Reaktion auf die Grausamkeiten des Nazi-Regimes und des Zweiten Weltkriegs geschaffen. Wer diese Rechte in Frage stellt, stellt die Grundlagen unseres Rechtsstaats in Frage.

Im Diskurs um das Thema „Flucht und Asyl" gibt es viele unterschiedliche Vokabeln, welche verwendet werden, um die Gruppe von Menschen zu beschreiben, welche unfreiwillig ihren Lebensmittelpunkt in ein anderes Land verlagern müssen. Diese Vokabeln sind u.a. folgende:

- AsylantInnen
- Flüchtlinge
- Geflüchtete
- AsylbewerberInnen
- MigrantInnen
- ZuwanderInnen
- Wirtschaftsflüchtlinge
- SozialschmarotzerInnen
- Zuwanderung in die Sozialsysteme

Ziel dieses Buches ist es, den Diskurs erkennbar und identifizierbar werden zu lassen, sodass deutlich wird mit welchen Konstruktionen die Gruppe der „Flüchtlinge" künstlich hergestellt wird. Hierzu wird die europäische Gesetzgebung kritisch analysiert unter der Perspektive wie das Flüchtlingsproblem konstruiert wird.

Zunächst einmal ist festzuhalten, dass Flüchtlinge Menschen sind, welche aufgrund von kriegerischen

Auseinandersetzungen, lebensbedrohlicher Armut, Unterdrückung, Gewalt und Verfolgung ihre Heimatländer verlassen müssen. In diesem Kontext finden die grenzüberschreitenden Fluchtbewegungen heute hauptsächlich in Afrika, im Nahen Osten, in Asien oder auch in Mittelamerika statt, sodass nur eine verhältnismäßig kleine Gruppe ihren Weg nach Europa findet. Die soziale Situation von Flüchtlingen ist maßgeblich durch ihren jeweiligen Aufenthaltsstatus innerhalb des Asylverfahrens bzw. nach Abschluss (erfolgreich oder auch nicht) geprägt (vgl. Heckmann 1999, S. 346).

Dabei wird die Gruppe der Flüchtlinge ausschließlich über den Aufenthaltsstatus definiert. Damit werden sie zugleich als „soziales Problem" definiert und veranlagt. Das Hauptproblem der Flüchtlinge besteht jedoch darin, dass „sie anwesend, aber nicht zugehörig sind" (Heckmann 1999, S. 348). Dies wird nachfolgend in dieser Arbeit ausführlich dargestellt und erläutert werden.

> „Zwar bestehen eindeutige Zugehörigkeiten über die verschiedensten gesellschaftlichen Beziehungen, vom Wirtschaftsleben bis in den Freizeitbereich hinein, bis hin zur Verpflichtung, Steuern zu zahlen, aber die Nicht-Staatsangehörigkeit ist in entscheidender Weise auch eine gesellschaftliche

Nicht-Zugehörigkeit und Ausschließung, die sich
durch einen expliziten Ausländerstatus definiert."
(Heckmann 1999, S. 348)

Flüchtling zu sein ist mehr als nur ein rechtlicher Status.
Diese Etikettierung betrifft das ganze Leben und jede Lebenslage. Innerhalb des Systems einer ethnischen Schich-
tung, sind die ethnischen Minderheiten die benachteiligten,
unterdrückten, diskriminierten und stigmatisierten ethnischen Gruppen. Dabei bezieht sich der Begriff Minderheit
in einem soziologischen Sinne nicht auf ein Zahlenverhält-
nis, sondern auf etwas Qualitatives bzw. auf ein Ungleich-
verhältnis (vgl. Heckmann 1999, S. 337).

Dieses Buch erhebt nicht den Anspruch auf abschließende
Lösungsvorschläge für die skizzierten Fragestellungen.
Stattdessen ist es Ziel dieser Arbeit eine Problematisierung
auf wissenschaftlicher Basis herzustellen.

Zum Aufbau der Arbeit ist zu sagen, dass eine allgemeine
Verortung dieses Buches innerhalb der kritischen Sozialen
Arbeit im Sinne einer Konfliktorientierung vorgenommen
wird. Dies bildet auch die analytische Grundlage für die
nachfolgenden Inhalte dieses Buches. Um die theoretische
Basis zu schaffen, werden dann die zentralen und wichtigsten Migrationstheorien sowie die theoretischen Grundlagen

zu Diskriminierung und Rassismus, dargestellt und auf Flüchtlinge bezogen.

Im Fokus dieser Arbeit stehen dann die Kapitel zur Analyse der europäischen Gesetzgebung in Bezug auf Asyl und die Konstruktion des sozialen Problems „Flüchtlinge". Um dies weiter analysieren zu können, wird der Ansatz des „Doing Social Problems" nach Axel Groenemeyer verwendet, sodass gezeigt werden kann, wie die Konstruktion dieses sozialen Problems funktioniert. Um diese Analyse noch weiter zu vertiefen, findet sich hieran anschließend der Ansatz der „symbolischen Politik" (Murray Edelman), welcher auf das Thema Flüchtlinge und Asyl übertragen und angewendet wird.

Am Ende des Buches stehen der Bezug zur Sozialen Arbeit und ein Fazit mit weiterführenden Forschungsfragestellungen. Im Anhang finden sich ein Glossar mit wichtigen Begriffen für diesen Bereich und weitere gesetzliche Erläuterungen zum juristisch kodifizierten Flüchtlingsstatus in Europa.

1. Die Konstruktion der sozialen Welt

Ziel dieses Buches ist es, zu analysieren, inwiefern im europäischen Raum das soziale Problem „Flucht und Flüchtlinge" künstlich konstruiert wird. Im Fokus steht dabei die Frage, welche Interessen sich dahinter verbergen und vor allem welche AkteurInnen in diesem Zusammenhang aktiv sind.

Damit schließe ich mich einer kritischen Forschungsperspektive an, welche sich der Herausforderung stellt die Subjekte jenseits des institutionellen Blicks zu sehen. Dies impliziert vor allem, dass mit den institutionellen Problemdefinitionen von sog. „sozialen Problemen" und Normalitätsunterstellungen gebrochen wird (vgl. Anhorn & Stehr 2012, S. 69).

Die Kategorien der Normalität und die Darstellung von Konformität sowie die Kategorien der Abweichung können jeweils strategisch eingesetzt werden, um damit gesellschaftliche Vorteilspositionen oder auch Zugehörigkeiten zu definieren (vgl. ebd.).

Für die Soziale Arbeit, und insbesondere für die Arbeit mit Flüchtlingen, stellt sich nun das grundlegende Dilemma, dass soziale Leistungen und gesetzliche (Rechts-)Ansprüche an Bedingungen geknüpft sind, sodass den Subjekten (z.B. Flüchtlingen) zugemutet wird, diese degradierenden, diskriminierenden und moralisierenden Merkmalszuschreibungen als Voraussetzungen dafür aufzugreifen (vgl. ebd.). Das Subjekt hat keine Chance sich diesen Etiketten bzw. Zuschreibungen zu entziehen und wird damit zum Ziel von sozialem Ausschluss.

Dieses Buch folgt einer kritischen Forschungsperspektive (im Sinne der Analyse der Konstruktion des Flüchtlingsproblems), welche sich dadurch auszeichnet, dass „[…] sie auf die Aufdeckung und Artikulation von Interessenskonflikten zielt und die Subjekte in ihrem Status als Konfliktpartei in den Auseinandersetzungen um gesellschaftliche Positionen wahrnimmt und sie zu 'Konfliktsubjekten' werden lässt, die mit ihren Mitteln ihre Interessen – oftmals auf sehr verschlungenen Wegen – formulieren." (Anhorn & Stehr 2012, S. 69)

Damit zielt diese Forschung auf die Aufdeckung und die Beteiligung von Konflikten, um gesellschaftliche Positionierungen und als Bearbeitung von Ausschließungssituationen (vgl. ebd.).

Eine konflikt- und befreiungstheoretisch-orientierte Forschung innerhalb der Sozialen Arbeit hat das Ziel an den zentralen Widersprüchen der Sozialen Arbeit anzusetzen und diese sichtbar zu machen. Die Soziale Arbeit steht in

17

einem vielfältigen und umfangreichen Spannungsfeld. Einerseits ist sie als Ordnungsmacht angehalten, disziplinierende und kontrollierende Funktionen zu erfüllen und andererseits soll sie für ihre AdressatInnen emanzipatorische Perspektiven befördern und ermöglichen (vgl. ebd. S. 72).

In Bezug auf das konflikttheoretisch orientierte Analyseprogramm in diesem Buch heißt das nun, dass es Ziel ist, die gesellschaftspolitischen, institutionellen und situativen Bedingungen herauszuarbeiten, welche es möglich werden lassen, dass Handeln in der Sozialen Arbeit zur Emanzipation und zur Partizipation der AdressatInnen beitragen kann. Auf der anderen Seite müssen die Mechanismen und Prozesse aufgedeckt werden, durch welche das professionelle Handeln in Prozesse der Disziplinierung und Ausschließung umschlagen kann (vgl. ebd. S. 72f.).

Für dieses Buch wird in diesem Sinne zunächst ausführlich dargestellt wie die Gruppe der Flüchtlinge und somit das Flüchtlingsproblem selbst, auf juristischer Ebene durch die europäische Gesetzgebung konstruiert und dargestellt wird. Diesen Ausführungen zur künstlichen Konstruktion folgt die Analyse des vermeintlichen Flüchtlingsproblems anhand von konflikttheoretischen Ansätzen sowie dem Ansatz des „Doing Social Problems" (Axel Groenemeyer).

1.1 Die Erfindung der Nation

Die Bildung von Nationalstaaten ist das Ergebnis einer erfolgreichen und anerkannten Monopolisierung der Verfügung über militärische wie auch polizeiliche Machtmittel. Hinzu kommt die Erhebung von Steuern und Abgaben aus der Gesellschaft in einem Herrschaftsverband (vgl. Groenemeyer et. al. 2012, S. 120).

> „Heute treibt die unbarmherzige Maschinerie des Kapitalismus den Prozeß der Entwurzelung in noch gewaltigerem Umfang, mit noch größerer Geschwindigkeit und mehr und mehr über nationale Grenzen weiter voran. Immer weniger von uns sind sich dessen gewiß, wo und was das *'Sein'* ist, das uns bei unserem letzten Atemzug in Empfang nehmen wird." (Anderson 1996, S. 212)

Die Stabilisierung und die Legitimierung des Herrschaftsverbandes nach innen und außen beinhalten zwangsläufig auch die Entwicklung eines einheitlichen Verwaltungsstabs, souveräne Verfügung über Mittel und Ressourcen der Kriegsführung und der Polizei, sowie einer arbeitsteiligen Organisation bürokratischer Verwaltung. Ein weiteres Potential zur Legitimation wird über die Schaffung von demokratischen Wahlen bzw. über die Herstellung von Ordnung und Sicherheit und darüber hinaus über weitere

staatliche Leistungen geschaffen (vgl. Groenemeyer et. al.
2012, S. 120).

> „Die Monopolisierung legitimer physischer Gewaltsamkeit beschreibt eine Minimalfunktion des Staates, durch die in der Gesellschaft befriedete Räume geschaffen werden und damit eine gesellschaftliche Ordnung hergestellt und stabilisiert wird. Sobald die Monopolisierung legitimer Gewalt erfolgreich angezweifelt wird, hört der Staat faktisch auf zu existieren, wie uns der Blick auf Bürgerkriege lehrt." (Groenemeyer et. al. 2012, S. 120)

In diesem Sinne ist die Entwicklung hin zum heutigen Modell der Nationalstaaten als sukzessive Sicherstellung von Bürgerrechten durch den Staat zu beschreiben, welcher allen BürgerInnen die gleichen zivilen, politischen und sozialen Rechte einräumt. Dabei beruht die legale Herrschaft auf dem Prinzip einer einheitlichen und homogenen Rechtsverordnung. Dieser sog. Rechtsstaat wird als demokratischer Rechtsstaat auf der Grundlage einer relativen kulturellen Homogenität konzipiert und konstruiert. Die nationale Identität der StaatsbürgerInnen entwickelt sich über einheitliche Erziehungssysteme sowie die politische Vereinheitlichung der Sprache. Dies wird begleitet durch den

Prozess der ethnischen Homogenisierung durch Grenzziehungen, Vertreibungen und auch Umsiedlungen (vgl. Groenemeyer et. al. 2012, S. 121).

> „Damit gewinnt die Idee der Herstellung von Sicherheit im Diskurs über die Aufgaben staatlicher Politik eine wichtige Rolle [...] Bedrohungen der Ordnung oder der Sicherheit werden durch diese Institutionen und Organisationen in jeweils spezifischer Weise wahrgenommen und konstruiert, bevor sie in staatliche Interventionen umgesetzt werden." (Groenemeyer et. al. 2012, S. 121)

1.2 Macht und Regieren bei Foucault

Für Foucault ist Macht ein Feld von Kräfteverhältnissen und ein Feld von strategischen Beziehungen zwischen Individuen und Gruppen. In Bezug auf Regierung werden die Kräfteverhältnisse und damit auch die Bedingungen möglicher Kämpfe, stärker ausgehend von Führungsverhältnissen gedacht (vgl. Rau 2010, S. 68).

Wenn Foucault von Regierung spricht, dann meint er nicht die politischen oder staatlichen Strukturen. Stattdessen stellt der Begriff Regierung einen Sammelbegriff vielfältiger Führungsweisen dar, welche sich sowohl auf die Führung von sich selbst als auch auf die Führung von anderen beziehen kann. Damit besteht die Machtausübung im Führen der Führungen und in der Schaffung von Wahrscheinlichkeit. Führung ist die Tätigkeit des Anführens anderer und die Weise des Sich-Aufführens in einem offenen Feld von Möglichkeiten (vgl. Rau 2010, S. 68).

Für Foucault hat Macht keinen originären Ort, sondern vollzieht sich immer im aktiven Handeln. Wenn Foucault nun die Regierung als Führen von Führungen definiert, zeigt sich, dass Regierung kein Apparat, sondern die Kunst der Menschenführung ist. Damit setzt er die Regierung mit dem Wesen von Macht gleich und löst damit den Begriff der

Macht vollständig in eine Praxis auf. Dementsprechend stehen im Fokus der Regierung, im Sinne des Führens von Führungen, nun wiederum strategische Beziehungen zu den Handlungen anderer oder zu sich selbst. Weiterhin beinhaltet diese Analyse von Macht und Regierung, dass es eine Pluralität an Regierungsweisen gibt. Dabei sind für Foucault die Methoden, Techniken und Rationalitäten heterogen, vielfältig und spezifisch. Innerhalb der Gesellschaft gibt es zahlreiche Formen und Orte des Regierens von Menschen durch andere Menschen und diese überlagern, begrenzen einander oder stehen sich gegenüber bzw. verstärken sich wiederum (vgl. Rau 2010, S. 70).

> „Macht ist bei Foucault mit der Regierung eine Machtbeziehung, und zwar stets im Plural und ohne Zentrum." (Rau 2010, S. 70)

Im Kern ist Regieren also keine Macht, welche direkt auf den Menschen zugreift, sondern vermittelt und im Kern darauf angelegt ist, Dinge richtig zu arrangieren sowie für die richten Beziehungen und Bedingungen Sorge zu tragen, sodass dies oder jenes erreicht wird. Das heißt, dass es um die Art und die Qualität von Beziehungen von Menschen geht.

> „So die Regierung auf Verbindungen zielt, diese gewissermaßen prozessiert und generiert, handelt es sich vom Standpunkt des Individuums aus stets

um ein ´Regieren auf Distanz´. Für die Regierungs-
praxis ist folglich weniger das Oktroyieren von
Gesetzen kennzeichnend, sondern die ´Anwendung
von Taktiken´, das Arbeit mit ´Wahrscheinlichkeiten´,
die Produktion von ´Rahmenbedingungen´ […] Indirekt auf das Handeln von Kollektiven und Individuen einzuwirken, bedeutet jedoch auch für diesen Machttypus, mit ´Differenzierungen´ zu
arbeiten, die für jede Machtbeziehung ´zugleich Voraussetzung und Wirkung´ sind […].“ (Rau 2010, S.
71)

Als Fazit lässt sich sagen, dass Macht überall aber nicht total
ist. Macht setzt Freiheit voraus, da Beziehungen nur geführt
werden können, wenn Freiheit da ist. In jedem Fall unterscheidet Foucault zwischen Machtbeziehungen als strategi-
sches Spielen zwischen Freiheiten und Herrschaftszustän-
den, welche man üblicherweise als Macht bezeichnet. In der
Machtanalyse von Foucault zeigen sich drei Ebenen: strategische Beziehungen, Regierungstechniken und Herr-
schaftszustände (vgl. Rau 2010, S. 72ff.).

1.3 Migrationsforschung als Kritik

Das Recht auf freie Wahl des Wohn- und Aufenthaltsortes wird weltweit so oft verletzt, wie kaum ein anderes Recht. Dabei hat das nationalstaatliche System sich das Recht eingeräumt darüber zu entscheiden, wem und unter welchen Umständen Zutritt zum Staatsgebiet gewährt wird. Weiterhin hat der Nationalstaat das Recht festzulegen, wer dazu aufgefordert wird zu gehen und wer unter welchen Umständen bleiben darf. Dies bedeutet gleichzeitig eine Privilegierung der eigenen StaatsbürgerInnen sowie die gewaltsame Abschottung der nationalen und europäischen Außengrenzen gegenüber ungewollter Immigration (vgl. do Mar Castro Varela 2013, S. 65).

> „Migrant_innen werden fernerhin zur Projektionsfolie für all das, was Europa für sich als überwunden befunden hat: etwa ´traditionelle Geschlechterrollen´, ´ sexuelle Unterdrückung´ und die Idee der ´Ehre´ als treibende moralische Kraft. Und so ist Migration heute bestechenderweise für Europa […] unerlässlich für die Selbstbestimmung. Europas Bürger_innen sind eben das, was die Migrant_innen nicht sind […]." (do Mar Castro Varela 2013, S. 65f.)

Migration ist ein hochpolitisches und aktuelles Thema. Bei diesem Thema geht es immer auch um die Frage, wie und wo symbolische und materielle Grenzen politischer Kontexte festgelegt werden sollen. Ebenso ist die Frage zentral, welcher Umgang innerhalb dieser Grenzen mit Differenz und Ungleichheit angemessen ist (vgl. Arens et. al. 2013, S. 43).

> „Migration ist ein gesamtgesellschaftlich bedeutsames und umkämpftes Thema, das grundlegende Fragen berührt: Wer ist legitimes politisches Subjekt? Welche sozialen Ungleichheiten zwischen Menschen sind hinnehmbar? Daher werden die Beiträge der Migrationsforschung immer auch von einer politischen Öffentlichkeit aufgegriffen, diskutiert und verwertet." (Arens et. al. 2013, S. 43)

Die Ziele einer von der Kritik mobilisierten Migrationsforschung, lassen sich wie folgt zusammenfassen: (vgl. Arens et. al. 2013, S. 48ff.)

1. Es geht um die Analyse migrationsgesellschaftlicher Herrschaftsstrukturen. Dies bezieht sich auf die Strukturen, welche die Menschen im Hinblick auf die Möglichkeit einer freieren Existenz behindern, ihre Würde einschränken und sie entmündigen.

2. Eine kritische Migrationsforschung richtet sich auf die Subjektivierungsprozesse unter den Bedingungen eben solcher Strukturen. Dabei ist es notwendig sich begrifflich und empirisch mit den Themen Verhinderung, Einschränkung und Begrenzung bzw. auch Widerstand auseinanderzusetzen. Dabei muss es Ziel bleiben, durch Analysen für Verhältnisse einzutreten, in welchen Menschen ihr Leben auf würdige und sichere Art führen können.

3. Weiterhin zielt kritische Migrationsforschung auch auf die Analyse von Möglichkeiten und Formen der Verschiebung sowie die Veränderung von Zugehörigkeitsordnungen und Herrschaftsstrukturen. Hierzu zählt ggf. auch der Widerstand gegen diese bzw. innerhalb dieser. Ziel ist es empirisch und durch Analysen zu ergründen, wie das „Freiere" und „Würdigere" aussehen kann, da Herrschaftsverhältnisse weder strikt determiniert noch notwendig sind.

„Es ist nicht festgelegt; genau diese Nicht-Festgelegtheit, die Modulation, dieses Gleiten, diese Variation, gilt es nachzuvollziehen und zu wagen. Für sie steht

Migrationsforschung im Zeichen der Kritik ein.“ (Arens et. al. 2013, S. 49).

Der grundlegende Gegenstand der Migrationsforschung ist das Verhältnis, welche Individuen zu natio-ethno-kulturellen Ordnungen eingehen bzw. eingehen müssen. Weiterhin findet sich dieses in den politischen und kulturellen Kämpfen, den empirischen Ausprägungen, den Veränderungen und Beharrlichkeit dieses Verhältnisses. Dementsprechend hat Migrationsforschung es mit einem relationalen Gegenstand zu tun. Ebenso ist Migration als Ausdruck von Veränderungen, als Wandel, Bewegung in Form und als Folge von Mobilität von Personen und Personengruppen kein neues Phänomen, sondern eine historische Tatsache. Dabei stellen Migrationsbewegungen eine entscheidende Antriebsquelle für den gesellschaftlichen Wandel dar (vgl. Arens et. al. 2013, S. 7ff.).

Migration ist ein Forschungsgebiet, welches die Zuständigkeiten von vielen wissenschaftlichen Disziplinen (Jura, Soziologie, Politikwissenschaft etc.) einschließt. Daher wird es als inter- und multidisziplinäres Forschungsfeld dargestellt. Es ist davon auszugehen, dass sich die Grundkategorie der Migrationsforschung in der Veränderung des Verhältnisses von Individuen zu Zugehörigkeitsordnungen findet. Dementsprechend können diese als natio-ethno-kulturelle Zugehörigkeitsordnungen. Dabei kann die Bedeutung von Migrationsbewegungen nur mit Bezug auf Zugehörigkeitsordnungen erfasst werden. Dabei verweist der Begriff natio-ethno-kulturelle Zugehörigkeit auf Strukturen, in welchen symbolische Distinktions- und Klassifikationserfahrungen, Erfahrungen der Handlungsmächtigkeit und Wirksamkeit sowie biografische Erfahrungen der kontextuellen Verortung ermöglicht werden.

In diesem Sinne sind natio-ethno-kulturelle Zugehörigkeitskontexte faktische und imaginäre Räume, in welchen ein handlungsrelevantes Verständnis seiner selbst erlernt und praktiziert wird (vgl. Arens et. al. 2013, S. 15ff).

> „Zum einen geht es darum, Zugehörigkeitsordnungen nicht als natürliche Container zu verstehen, in dem das gesellschaftliche Leben sich schlicht vollzieht, sondern diese Ordnungen genealogisch im Hinblick auf Bedingungen und Konsequenzen ihres Wirksamwerdens zu untersuchen. Zum anderen geht es im Wissen um die dreifache Macht dieser Ordnungen in ausgeprägter Art und Weise um die Untersuchung der Macht, die in und von diesen Ordnungen über Individuen ausgeübt wird und um die Untersuchung der Frage, wie sich Individuen diesen Ordnungen entziehen,

diese verändern oder/und aneignen. Diese Aufgaben stellt sich zumindest jene Migrationsforschung, die von der Idee der Kritik motiviert ist." (Arens et. al. 2013, S. 29)

Als Fazit zur Frage was eine kritische Migrationsforschung kennzeichnet, lässt sich festhalten, dass das Motiv der Kritik mobilisiert und die wissenschaftliche Aufmerksamkeit in eine Richtung leitet, welche wiederum „migrationsgesellschaftliche Herrschaftsstrukturen, Subjektivierungsphänomene und Formen der Verschiebung und Veränderung dieser Strukturen empirisch und begrifflich in den Blick nimmt." (Arens et. al. 2013, S. 49f.) Damit ist für die kritische Migrationsforschung nun eine spezifische moralisch-ethisch begründete politische Ambition einerseits und andererseits die „[...] Präferenz eines bestimmten Untersuchungsbereiches, der durch Herrschaftsverhältnisse und Praxen ihrer Re-Produktion und Ab-Wandlung gekennzeichnet." (Arens et. al. 2013, S. 50)

2. Migrationstheorien

Migration bedeutet die dauerhafte räumliche Verlagerung des Lebensmittelpunktes. Hierzu werden nachfolgend die zentralen Migrationstheorien kurz skizziert und dargestellt.

Eine erweiterte Definition des Begriffes „Migration" nennt Ute Koch:

> „Migration zielt zunächst auf die Realisierung von Lebenschancen an räumlich anderer Stelle. Kriterium dafür ist der Zugang zu Ressourcen wie Arbeit, Bildung, Einkommen und Gesundheit." (Koch 2009, S. 175)

Prof. Dr. Paul Mecheril, Hochschullehrer für Interkulturelle Pädagogik an der Universität Oldenburg, vertritt hingegen eine andere Sichtweise. Für ihn ist die Bezeichnung „MigrantIn" eine Bezeichnung, die von Diskursen um Identität, Fremdheit, ethnische und kulturelle Differenz hervorgebracht werde und in unterschiedliche Unterscheidungsweisen einfließe. Dementsprechend sei nun die Bezeichnung „MigrantIn" eine mehrwertige Bezeichnung und kann mit unterschiedlichsten Bezeichnungen und Akzentuierungen benutzt werden. Der Gebrauch der Bezeichnung „MigrantIn" könne die Wanderungserfahrungen fokussieren oder die persönliche und familiale Herkunft aus einem nicht-deutschen Gebiet. Ebenso könne auf kulturelle und ethnische Differenzen verwiesen werden oder aber auch festgestellt werden, dass jemand einen nicht-europäischen Pass besitzt (vgl. Mecheril 2004, S. 47ff.).

Betrachtet man die Fragestellung, dann ergeben sich für den Forschungsstand zwei wichtige Themengebiete. Erstens die Unterscheidung zwischen MigrantInnen und Flüchtlingen in der öffentlichen Diskussion und die sich daraus ergebenden Konsequenzen für die Sichtweise auf diese Personengruppen. Zweitens ist die Definition des Begriffs „Migration" von Bedeutung. Und drittens die Frage nach den bisherigen Entwicklungslinien in Migrationsforschung, mit dem Schwerpunkt auf das „Push-Pull Modell" von Lee (1966).

2.1 Zum Begriff „Flüchtlinge"

Der Begriff „Flüchtlinge" versucht im Allgemeinen eine sehr heterogene Gruppe zu fassen. Im Alltagsverständnis werden als „Flüchtlinge" die Personen bezeichnet, welche aus Zwang und unfreiwillig ihre Heimat verlassen müssen und woanders Schutz vor Verfolgung suchen. In der juristischen Tradition in Europa werden, die Personen als „Flüchtlinge" charakterisiert, welche nach erfolgreichem

Abschluss des Asylverfahrens eine Flüchtlingsanerkennung gemäß der Genfer Flüchtlingskonvention erhalten haben. Personen, welche nach Abschluss des deutschen Asylverfahrens eine Anerkennung gemäß Art. 16a GG erhalten, werden in der Regel als „Asylberechtigte" betitelt. Als „AsylbewerberIn" werden die Personen bezeichnet, welche nach Deutschland (im Sinne des deutschen Asylrecht Artikel 16a GG) geflohen sind und hier einen Asylantrag gestellt haben, ohne das darüber bereits entschieden wurde (vgl. Stephens 2013, S. 7).

Das Wort „asylos" kommt aus dem Griechischen und bedeutet „Zufluchtsstätte". Im Altertum war damit nicht ein Territorium eines anderen Staates gemeint, sondern ein Ort, der unter Herrschaft der Götter stand (z.B. Tempel, Kirche, Kloster), sodass dort jede menschliche Herrschaft endete und damit auch die Rechte der politischen Machthaber, einen Menschen zwangsweise festzunehmen. Hier konnte ein Flüchtling, selbst wenn er ein Verbrechen begangen hatte, der Verfolgung durch den Heimatstaat entgehen (vgl. Stephens 2013, S. 8).

Dieser Kerngedanke des Asylrechts setzte sich über die Jahrhunderte hinweg durch und findet sich auch im heutigen Recht verankert. Im 19. Jahrhundert setzte sich zunehmend auch der Schutz für politische Flüchtlinge durch.

Jeder Staat hat demnach das Recht einen Flüchtling nicht auszuliefern. Vorbehalte gab und gibt es aufgrund von bilateralen Auslieferungsverträgen für politische Flüchtlinge (vgl. ebd

2.2 Emigration

Die Emigration ist der Begriff für das Verlassen der vertrauten und bekannten Umgebung. Der/Die MigrantIn bzw. der Flüchtling verlässt seine/ihre bisher bekannten Sinnzusammenhänge und seinen/ihren Herkunftskontext. Damit verliert er/sie die Orientierung (oder Teile davon) und ist herausgefordert in der Aufnahmegesellschaft neue Sinnbezüge zu entdecken und zu übernehmen. Mit der Emigration geht in der Regel auch der Verlust der (Mutter-)Sprache einher und damit geht auch die kommunikative und soziale Sicherheit verloren. Dies kann eine kommunikative bzw. soziale Isolation und die Entfremdung vom Herkunftskontext zur Folge haben. Des Weiteren wird mit der Emigration die eigene Identität in Frage gestellt, da der identitätsbildende Interaktionsrahmen (eine Gruppe oder Gesellschaft) verloren geht. Dieser Interaktionsrahmen wird insbesondere über Sprache und einem allgemein akzeptierten Handlungsrahmen gebildet. Mit der Emigration geht dieser Interaktionsrahmen verloren, sodass die Herstellung der Identität als Balance und Gleichgewicht zwischen den Erwartungen der anderen und den eigenen Bedürfnissen stark gefährdet ist. Weiterhin gehen mit der Emigration viele soziale Rollen verloren, sodass der/die EmigrantIn hier seinen/ihren sozialisationsbedingten

Handlungsspielraum nicht mehr nutzen kann. Als negative Folgen der Emigration lassen sich soziale Desintegration, Verhaltensunsicherheit, Entfremdung sowie psychosoziale Instabilität (vgl. Täubig 2009, S. 31ff.).

2.3 Immigration

Im Prozess der Immigration ist der/die MigrantIn dann mit einer vollkommen neuen und unbekannten Situation konfrontiert und dies stellt eine problematische Situation an sich dar. Die bisherigen Verhaltensmuster, das bisherige Denken und der bekannte Interaktionsrahmen stoßen an ihre Grenzen und es ergeben sich neue Situationen, welche auf neuen Wegen bewältigt werden müssen. Es findet also eine Re-Orientierung, eine Re-Definition von sozialen Rollen und eine Transformation der eigenen Identität statt. Nichts ist mehr wie es war und alles ist nun anders (vgl. Täubig 2009, S. 33ff.).

<u>Weitere Theorien</u>

Sowohl die klassischen als auch die neueren Theorien in der Migrationsforschung, beschreiben Migration als einen Prozess bzw. eine Lebensform, welche eine hohe Bewältigungsleistung erfordert. Diese ergeben sich insbesondere aus der Aufhebung der bisherigen Denkmuster und der

Ablehnung im Aufnahmeland. Die Bewältigungsaufgaben zielen nun auf die (Wieder-)Herstellung einer stabilen Identität. Eine Vielzahl von Theorien versucht seit jeher diesen Prozess zu erklären. Dabei reichen die Modelle von der identifikatorischen Assimilation, über interkulturelle Zwischenwelten bis hin zu Inkorporation als Verschränkung von Integrationsdimensionen (vgl. Täubig 2009, S. 39ff.).

2.4 Erklärungsansätze zur Begriffsbestimmung

Zur Erklärung und zur Begründung von Migration und Migrationsbewegungen gibt es eine Reihe von Ansätzen. Eine gute Übersicht findet sich bei Lebhart (2002):

- Ökonomische Ansätze:
    - Neoklassische Ansätze (Sjaastad, Harris, Todaro)
    - Neo-Ökonomie der Migration (Stark, Taylor)
    - Segmentierter Arbeitsmarkt (Harris, Todaro, Piore u.a.)
    - Ökonomie der Familienmigration (Mincer)
    - Weltsystem (Wallerstein, Papademetriou, Martin, Petras, Sassen, Portes, Grasmuck, Pessar)

- Soziologische Ansätze:
    - o Push-Pull Modelle (Lee, Stouffer)
    - o Netzwerke (Gurak, Cases)
- Demographischer Übergang
    - o Mobilitätsübergang (Zelinsky, Skeldon, Abella, Fields)
- Politik
    - o Politikwissenschaftliche Ansätze (Dowty, Zolberg, Suhrke, Aguayo)
- Systemische Ansätze (Mabogunje, Kritz, Lim, Zlotnik, Lebhart)

Ebenso sind kritische Ansätze in der Migrationsforschung zu nennen. Vertreten werden diese u.a. von Paul Mecheril, Oscar Thomas-Oalde, Claus Melter, Susanne Arens und Elisabeth Romaner. In diesem Ansatz wird die Praxis der Kritik auf die Migrationsforschung angewandt, um Herrschaftsstrukturen zu untersuchen. Im Ergebnis zeigt sich, dass Migrationsforschung es immer mit einem relationalen Gegenstand zu tun hat.

In Bezug auf die Fragestellung und das Themengebiet wird nachfolgend das soziologische Push-Pull Modell skizziert werden (vgl. Lebhart 2002, S. 19ff.).

2.5 Das Push-Pull Modell

In diesem Modell geht Lee (1966) davon aus, dass Migration sowohl durch positive Faktoren in den potentiellen Zielgebieten, als auch durch negative Faktoren im Herkunftsland bzw. im derzeitigen Wohngebiet bestimmt wird. Für Lee bedeutet dies, dass im Zielgebiet eine Reihe von positiven Faktoren und Anziehungskräften, also sog. „Pull-Faktoren" (besserer Arbeitsmarkt, Sicherheit etc.), vorhanden sind. Gleichzeitig existieren im Herkunftsland negative Faktoren und Abstoßungskräfte, also sog. „Push-Faktoren" (Krieg, Verfolgung, lebensbedrohliche Armut etc.). Diese beiden Faktoren beeinflussen die Wanderungswahrscheinlichkeit und erhöhen ggf. diese.

In seinen Arbeiten konnte Lee nachweisen, dass jene MigrantInnen, welche in erster Linie auf „Pull-Faktoren" im Zielland reagieren, meist einer positiven Selektion unterliegen. Dies betrifft vor allem Alter, Ausbildung, berufliche Fähigkeiten und Motivation. Den Gegensatz bilden hierzu solche MigrantInnen, welche vorwiegend auf „Push-Faktoren" im Herkunftsland reagieren. Diese unterliegen zumeist einer negativen Selektion.

Hinzu kommt, dass die MigrantInnen, welche auf „Pull-Faktoren" reagieren, eher freiwillig abwandern, im Gegensatz zu den „Push-Faktoren". Die freiwillige Migration geschieht aufgrund von Pull-Faktoren und die unfreiwillige Migration aufgrund von Push-Faktoren.

Lee baute mit seinem Ansatz auf die Arbeit von Stouffer (1940 und 1960) auf, welcher die Auffassung vertrat, dass Migration eine Funktion der relativ empfundenen Anziehung von Ziel- und Herkunftsgebieten darstellt. Ebenso sind Migrationsbewegungen durch das Vorhandensein auftauchender Hindernisse bzw. Gelegenheiten beschränkt. Diese jedoch mit der Distanz zwischen Herkunfts- und Zielland immer größer werden.

Stouffer betont weiter, dass die Distanz bei heutigen Migrationsbewegungen, trotz abnehmender Reisekosten, weiterhin ein wichtiger Faktor bei der Migrationsmotivation ist. Hierzu stellt er fest, dass zunehmende Distanz sowohl die direkten, als auch die indirekten, Kosten der Migration vergrößert.

Insgesamt zeigt sich, dass das „Push-Pull Modell" angewandt werden kann, um die Faktoren einzuschätzen, welche zum Wechsel des Lebensmittelpunktes führen bzw. geführt haben. Dieser Ansatz ermöglicht die Betrachtung von internationaler Migration, wie auch interregionaler Migration auf der Mikroebene für Individuen.

Mit diesem Ansatz lassen sich alle Typen von Migration (freiwillige und unfreiwillige) analysieren. Es bleibt jedoch festzuhalten, dass Einschränkungen im Herkunftsland stets als „Pull-Faktoren" interpretiert werden und sich der Gewinn des Modells darin zeigt, dass die Wanderungsinitiative deutlich wird.

3. Rassismus und Ausländerfeindlichkeit

Rassismus ist ein komplexes und umfangreiches Phänomen, welche unterschiedlichste Organisationsformen, Begründungen und Zielsetzungen aufweisen kann. Es gilt zu unterscheiden zwischen parteipolitischem Rassismus, formellen und informellen rechtsextremen Gruppierungen sowie intellektueller und kultureller Rechtsextremismus (vgl. Fuchs 2003, S. 135).

> „Diskriminierung wird oft als eine Ungleichbehandlung aufgrund solcher Merkmale definiert, die mit dem Verhalten und der Leistung der Person nichts zu tun haben, beispielsweise Herkunft, Hautfarbe oder Religion." (Salentin 2008, S. 515)

Dabei basiert das Prinzip des Rassismus auf der Herabsetzung von Menschen, da diesen aufgrund ihrer Herkunft zumeist negative Eigenschaften zugeschrieben werden. Dies bestätigt gleichzeitig stets die eigenen Ideale von Schönheit, Intelligenz, Tüchtigkeit sowie die Überlegenheit der eigenen Lebensweise. Durch diese Projektionen wird ein Machtanspruch deutlich und die Projektionen sind Ausdruck des eigenen Unbehagens mit den angestrebten Normen und Werten, welche kaum eine/r gerecht werden kann.

Diese haben auch immer die Funktion von Unterdrückung und Selbstunterwerfung (vgl. Rommelspacher 1995, S. 39).

3.1 Diskriminierung und Rassismus

Das eben skizzierte Wesen des Rassismus erfüllt dabei vielfältige Aufgaben und orientiert sich in seiner Ausprägung und seinen Inhalten jeweils an der spezifischen Zielgruppe. Dies bedeutet, dass Rassismus auf der konkreten Ebene eine Vielzahl von Rassismen aufweist. Rassismus gegenüber Juden ist anders ausgeprägt als gegenüber Roma und Sinti etc. (vgl. Rommelspacher 1995, S. 39).

> „Die unterschiedlichen Rassismen zeigen, dass die verschiedenen Minderheiten für die Dominanz der Mehrheitsgesellschaft immer eine je verschiedene Bedeutung hatten und für unterschiedliche Interessen funktionalisiert wurden und werden. Das wird allerdings dann nicht mehr sichtbar, wenn Rassismus allein aus der Dynamik innerhalb einer Gesellschaft abgeleitet wird." (Rommelspacher 1995, S. 52)

Weiter ausgeführt bedeutet dies nun:

> „Das eigene Selbstverständnis ist auch entscheidend davon geprägt, welche Position der/die

einzelne innerhalb der Machtverhältnisse einnimmt. Machtlosigkeit drückt sich auch in Selbstverlust aus, in der Verweigerung einer eigenen Identität, die die eigenen Erfahrungen und Lebenszusammenhänge adäquat widerzuspiegeln vermag. Stattdessen wird den Angehörigen diskriminierter Minderheiten eine Identifikation mit Klischees und Rollenvorgaben angeboten, die den Interessen der Dominanten entsprechen. In diesem Sinne ist die Verweigerung von Identität ein Merkmal kultureller Dominanz." (Rommelspacher 1995, S. 266f.)

Die Beschaffenheit und die Qualität einer demokratischen Gesellschaft lassen sich u.a. am Umgang der unterschiedlichen Bevölkerungsgruppen miteinander messen. Dabei ist es unerheblich ob sich die Gesellschaft aus einer Bevölkerungsmehrheit und einer oder mehreren Minderheiten zusammensetzt oder ob es sich aufgrund von sozialen, kulturellen, ethnischen Ausdifferenzierungen um eine Multiminoritätengesellschaft handelt. Die Frage ob und inwiefern die Umgangsformen als problematisch oder veränderungswürdig angesehen und betrachtet werden, hängt maßgeblich von den Wertorientierungen, Normalitätsvorstellungen sowie von den Bildern einer funktionierenden

Gesellschaft der beurteilenden Person bzw. der Bevölkerungsgruppe, welche sie angehört, ab. Konflikte sind vorprogrammiert, wenn sich die Wertorientierungen der gesellschaftlichen Teilgruppen unterscheiden und versucht wird, entweder die eigene Position bzw. Sichtweise durchzusetzen oder aber zumindest einen für alle tragbaren Kompromiss zu finden. Diese Konflikte treten besonders dann auf, wenn vor allem das Verhalten der Gegenseite als veränderungsbedürftige Situation begriffen und eingeordnet wird. Damit wird die Schuld an den Missständen der Gegenseite zugeschrieben. In diesem Sinne kann jede Sachlage als missliebiger und problematischer Sachverhalt, also als soziales Problem beschrieben und etikettiert werden (vgl. Legge & Mansel 2012, S. 494).

Folgt man den Annahmen des symbolischen Interaktionismus, so handeln in einer solchen Situation alle Akteure aus den jeweiligen Konfliktparteien bei den sozialen Interaktionen in der Regel auf der Basis ihrer Wahrnehmung, Interpretation und Bewertung der Gegebenheiten. Doch hiermit besteht die große Gefahr, dass sich das Konfliktpotential aus der Basis der jeweiligen Situationsdefinitionen vergrößert, Fronten verhärten, spezifische Verhaltensweisen verfestigen und sich in sozialen Strukturen bzw. institutionellen Bedingungen verankern (vgl. ebd.).

Am Beispiel der deutschen Gesellschaft lässt sich zeigen, dass obwohl im Grundgesetz die Gleichheit aller Menschen vor dem Gesetz und der Schutz vor Diskriminierung ein grundlegendes demokratisches Prinzip ist, werden in der Gesellschaft zugleich verschiedene Bevölkerungsgruppen ungleich behandelt, einzelne Gruppen bevorzugt und mit Privilegien ausgestattet (z.B. deutsches Bildungssystem, welches Kinder aus reichen Familien bevorzugt). Andere Gruppen werden hingegen benachteiligt (strukturell und institutionell) oder es werden ihnen wichtige Rechte vorenthalten (z.B. Sanktionen gegenüber Hartz-IV-EmpfängerInnen, AsylbewerberInnen etc.) (vgl. ebd. S. 495).

Neben diesen offensichtlichen Formen der Diskriminierung, finden sich noch viele weitere subtilere und verstecktere diskriminierende Verhaltensweisen gegen eine ganze Reihe von gesellschaftlichen Gruppen. Betrachtet man den Prozess der sich vollziehenden Konstruktion und der Identifikation sozialer Probleme, so zeigt sich, dass in den öffentlichen Debatten in den Massenmedian nur unzureichend berücksichtigt wird, dass die Diskriminierung sich nicht nur gegen ethnische Minderheiten richtet, sondern z.B. auch gegen eine Vielzahl gesellschaftlicher Gruppen gerichtet sein kann. Als Beispiele sind hier Überfalle auf Obdachlose, Benachteiligungen von weiblichen Arbeitskräften im Erwerbsleben oder auch die Verweigerung des Restaurantzutritts für behinderte Menschen zu nennen (vgl. ebd.). Der Ausgangspunkt der Diskriminierung ist die Kategorisierung und Bewertung von Menschen aufgrund von spezifischen Gruppenmerkmalen, z.B. Geschlecht, sexuelle Orientierung, ethnische und nationale Herkunft, Alter oder Behinderung. Hierbei bilden die normativen Standards über Konformität und Abweichung der Mehrheitsgesellschaft den Maßstab für die jeweilige Bewertung und Kategorisierung. Dabei sind insbesondere die Gruppen von Diskriminierung betroffen, welche offensichtlich oder vermeintlich von den gesellschaftlichen Normen abweichen und damit einen Minderheitenstatus beziehen. Dem folgend ist Diskriminierung immer kontextabhängig, also vom normativen Selbstverständnis der jeweiligen Gesellschaft geprägt. Dies wirkt sich dann auch auf die Einstellungen der Bevölkerung im Hinblick auf verschiedene gesellschaftliche Gruppen aus und spiegelt sich darin wider (vgl. ebd. S. 495f.).

Die Stereotypen, welche die Grundlage für die Diskriminierung bilden, werden im Bereich der Kognitionsforschung als „[…] generalisierte Überzeugungen über die Eigenschaften einer Gruppe verstanden, die auf der Grundlage von Kategorisierungen entwickelt werden, während sich

Vorurteile in einer negativen Einstellung gegenüber Gruppenmitgliedern ausdrücken." (Legge & Mansel 2012, S. 505) Dabei werden den Vorurteilen unterschiedliche Funktionen beigemessen. Zunächst einmal dienen sie individuell dem Einzelnen als Orientierung in unübersichtlichen Situationen bzw. unsicheren Kontexten. Weiterhin stellen sie Eindeutigkeiten her und reduzieren damit Handlungsunsicherheiten (kognitive Dimension). Evaluativ sind Vorurteile wiederum identitätsbildend und bestimmen die Herstellung und Aufrechterhaltung des Selbstwertgefühls. Dies geschieht insbesondere über die typische Bereitstellung von Sündenböcken und über Mythenbildungen (vgl. ebd. S. 505).

Zusammenfassend lässt sich sagen, dass die soziale Funktion der Vorurteile im Bereich der Gruppenbildung angesiedelt werden kann und sich durch Aufwertungsprozesse der eigenen Gruppe sowie in den Abwertungen der fremden Gruppen äußert. Damit wird der Erhalt des positiven Selbstkonzepts garantiert (vgl. ebd.).

Die Ideologie der Ungleichwertig, im Kontext der Diskriminierungsforschung, meint die kategoriale Einordnung von Menschen auf der Basis von normativen Standards innerhalb einer Gesellschaft aufgrund von hegemonialen Strukturen (vgl. ebd. S. 507).

„Die Ideologie der Ungleichwertigkeit drückt sich dabei in der Abwertung von schwachen Gruppen aus, die auf der Grundlage kultureller, politischer, sozialer und auch religiöser Überzeugungen gerechtfertigt wird und ihrerseits als Legitimation für Diskriminierung, Ausgrenzung und Gewalt dient bzw. dienen kann. Die Bewertungskriterien sind dabei – vom jeweiligen gesellschaftlichen Diskurs beeinflusst – variabel und heterogen." (Legge & Mansel 2012, S. 507)

Dabei ist die Auswahl der Gruppen, welche in einer Kultur abgewertet werden, keinesfalls zufällig. Diese Wahl geht auf spezifische historische und soziale Faktoren, verbunden mit spezifischen Überzeugungen und Mythen, zurück (vgl. ebd.).

Für die deutsche Konzeption des Problems „Gruppenbezogene Menschenfeindlichkeit" (Legge & Mansel 2012, S. 509) gibt es seit 2007 insgesamt 10 Elemente, welche in Bezug auf Vorurteile berücksichtigt werden müssen. Diese wurden wie folgt für die empirische Forschung aufbereitet: (vgl. Legge & Mansel 2012, S. 509)

1. Der Rassismus, welcher durch die Abwertung von Gruppenangehörigen fremder Herkunft, definiert

über biologische und natürliche Unterschiede, festgelegt ist;

2. Die Fremdenfeindlichkeit, welche sich durch die Abwertung oder Abwehr der Konkurrenz durch Gruppen einer anderen ethnischen Herkunft gekennzeichnet ist;

3. Der Antisemitismus, der sich auf die Abwertung von Menschen jüdischen Glaubens und Herkunft sowie ihrer kulturellen Symbole richtet;

4. Die Islamphobie, welche ihren Ausdruck in der Abwertung des Islams sowie von Personen muslimischen Glaubens findet;

5. Der Sexismus, welcher die Unterschiede der Geschlechter in Form einer maskulinen Vormachtstellung sowie klassischer Rollenvorstellungen betont und zu manifestieren sucht;

6. Die Homophobie, welche sich als Abwertung aufgrund von der Norm abweichender sexueller Orientierungen präsentiert;

7. Die Abwertung von Behinderten aufgrund psychischer oder physischer Abweichungen von Normalitätsvorstellungen;

8. Die Abwertung von Obdachlosen, welche aufgrund ihrer von gängigen Normvorstellungen abweichenden Lebensführung

9. Die Einforderung von Vorrechten für die Etablierten, welche durch eine raum-zeitliche Vorrangstellung von Alteingesessenen gegenüber neu hinzukommenden Gruppen gekennzeichnet ist. Damit umfasst dieses Element die Abwertung von Personen, welche als „Neue" gekennzeichnet werden, z.B. EinwanderInnen, Flüchtlinge etc.

10. Die Abwertung von Langzeitarbeitslosen und Vorurteilen diesen gegenüber, indem diesen der Status als „Sozialschmarotzer" zugewiesen wird.

3.2 Das Eigene und das Fremde
Im Kontext von Migration, Flucht und Zuwanderung spielen das Eigene und das Fremde immer eine zentrale Rolle.

„Das Fremde stellt man sich oft als ein vom Eigenen getrenntes vor. Es wird als etwas – örtlich oder kulturell – weit Entferntes begriffen, d.h. die Menschen der *„eigenen und der fremden Kultur"* [...] werden als Bewohner getrennter Welten gedacht. [...] Denn es scheint gerade die Nähe zu sein, die die Fremden in weite Ferne rücken läßt und zum

Problem für die Mehrheit macht." (Bielefeld 1992, S. 9)

Dabei ist das Fremde nicht durch sich selbst zu bestimmen. Über die Fremden und das Fremde selbst, kann man nicht allgemein reden, sondern in der Spezifikation des Fremden redet man immer auch über sich selbst. Hierdurch konkretisiert sich das Fremde im Eigenen und das Fremde verliert durch Kongruenzen zwischen beiden seinen ihm zugeschriebenen Charakter (vgl. Bielefeld 1992, S. 9).

Seit dem Mittelalter ist die Herausbildung moderner Gesellschaften gekennzeichnet durch die Gleichzeitigkeit sowie den Zusammenhang von zunehmender Differenzierung und Vereinheitlichung. Dabei fanden die Vereinheitlichungsprozesse immer in Bezug auf die Bevölkerung und das Territorium, sowie bei politisch-staatlichen, ökonomischen und kulturellen Institutionen. Dabei ist die ethnische Vereinheitlichung ein Teil des gesamten Vereinheitlichungsprozesses und findet im Nationalstaat seinen Höhepunkt (vgl. Heckmann 1992, S. 65).

> „Die politische Ideologie und soziale Bewegung des ethnischen Nationalismus gibt Ethnizität als Prinzip sozialer Organisation eine erhöhte Bedeutung; sie produziert und verbreitet Anpassungs- und Assimilierungsdruck, z.T. auch

Vertreibungsdruck. Vereinheitlichungsstreben und Nationalismus lassen das (noch) nicht 'Vereinheitlichte' zum nicht erwünschten 'Abweichenden' werden; ethnisches Vereinheitlichungsstreben konstituiert ethnische Minderheitenlagen." (Heckmann 1992, S. 65)

Der ethnische begründete Nationalstaat basiert auf der Ideologie des ethnischen Nationalismus (Nationalismus im Sinne einer Kategorie für eine politische und soziale Bewegung). Dementsprechend strebt der ethnische Nationalismus danach, dass die ethnischen und staatlichen Grenzen übereinstimmen und dies als Fundament der Gesellschaft begriffen wird. Damit bilden für den ethnischen Nationalstaat, welcher ja Homogenität anstrebt, die Heterogenität und die ethnischen Minderheiten, ein Problem und einen Störfaktor. Durch eine konsequente Assimilierungspolitik versucht der Staat nun die nationale Einheit herzustellen und die ethnischen Minderheiten als separate Gruppen aufzulösen (vgl. Heckmann 1992, S. 66ff.).

Im deutschen Konzept zeigt sich beispielhaft diese ethnische Definition des Nationalstaats im Konzept der Staatsangehörigkeit und der Staatsangehörigkeitspolitik. Die Nachkommen von deutschen Staatsangehörigen gelten als deutsche Staatsangehörige und es gilt das

Abstammungsprinzip. Die Aufnahme in diese, sich als Abstammungs- und Kulturgemeinschaft verstehende Nation ist schwierig, und kann mit der Einbürgerung nur als Ausnahme verstanden werden. Bei diesem Vorgang sind hohe Hürden zu überwinden damit „Nicht-Deutsche" zu „Deutschen" werden (vgl. Heckmann 1992, S. 68).

Bezug zu Flüchtlingen und Flüchtlingspolitik

Jede Gesellschaft muss für sich festlegen wo innen und außen bzw. oben und unten sind. Diese Bildung von Einschluss und Ausgrenzung wird von zahlreichen (Interessens-)Gruppen vorgenommen. Das Selbst und das Wir konstituiert sich hierbei durch Grenzziehungsprozesse, welche immer real, symbolisch oder auch imaginär sein können (vgl. Bielefeld 1992, S. 109ff.).

Es zeigt sich weiterhin, dass die Geschichte Europas auf vielfältige Art und Weise mit der Geschichte des Rassismus verknüpft ist. Dabei wird seit mehr als zwei Jahrhunderten die Rassenkonstruktion als wichtige Dimension der Klassenverhältnisse und der Klassenkämpfe innerhalb und außerhalb Europas verwendet. Während diese langanhaltenden Kämpfe um Macht und Ressourcenverteilung haben sich die Europäer einerseits gegenseitig und anderseits gegenüber MigrantInnengruppen als „Rasse" definiert und konzipiert (vgl. Miles 1992, S. 214).

„Historisch hat der Rassismus Bevölkerungsgruppen zum Gegenstand, die verschiedene Klassenpositionen innehaben und unterschiedlicher ökonomischer und kultureller Herkunft sind." (Miles 1992, S. 214)

3.3 Über die Fremden und Überflüssigen – Baumanns Theorie der Ausgrenzung

Zygmunt Baumann diagnostiziert in seinen Schriften, dass global erzeugte Probleme nach lokalen Problemlösungen verlangen. Des Weiteren kommt es zum vermehrten Aufbau von speziell errichteten oder definierten Orten (z.B. Lagern, alten Häusern etc.) für die Überflüssigen (also insbesondere Flüchtlinge etc.), welche in jedem Fall abgelegen und außerhalb der normalen Gesellschaft liegen. Ziel ist es, dass die Überflüssigen (also Flüchtlinge) aus den öffentlichen Orten (z.B. Einkaufszentrum, Bahnhofshallen, Fußgängerzonen etc.) entfernt werden. Stattdessen werden ihnen die abgelegenen Orte als Aufenthaltsort zugewiesen.

„Da man sie nicht physisch vernichten kann […], müssen sie isoliert, neutralisiert und entmachtet werden, damit die Wahrscheinlichkeit, dass sich ihre massiven, jedoch individuell erfahrenen Nöte und Demütigungen zu kollektiven (und gar wirksamen) Protest verdichten könnten, weiter

verringert, ja im Idealfall auf Null reduziert wird."

(Baumann 1999, S. 107)

Der Verlust eines einzigen und vermeintlich alleinigen Fix-
punktes, welche bislang das eigene Selbstverständnis und
die politischen sowie gesellschaftlichen Herrschaftsstrukturen festlegte, kann nicht nur als Orientierungsverlust, sondern auch als eine produktive Verunsicherung gewertet
werden, welche neue Auseinandersetzung nötig und neue
Koalitionen möglich macht. Dies findet seinen Ausdruck in
der Utopie einer grenzenlosen und herrschaftsfreien Welt.

„Exklusion gehört nicht nur zu den key words des
aktuellen soziologischen Diskurses, sondern stößt
auch in der Öffentlichkeit auf breite Resonanz [...]
Ob bei Ulrich Beck, Pierre Bourdieu oder Ralf
Dahrendorf, ob bei Anthony Giddens, Niklas Luh-
mann oder Richard Sennett: Exklusion steht für einen Ausschluss aus einer Gesellschaft, die eine
wachsende Anzahl von Menschen als überflüssig
ansieht. Ein zunehmender Anteil der Bevölkerung
macht demnach die Erfahrung, dass es auf sie
nicht mehr ankommt, dass ihre Beiträge für die
Gesellschaft verzichtet werden kann – und dies

nicht nur vorübergehend, sondern mehr und mehr dauerhaft." (Schroer 2007, S. 427)

4. Analyse der europäischen Gesetzgebung in Bezug auf Asyl

Der Flüchtlingsstrom nach Europa, und somit auch nach Deutschland, reißt nicht ab sondern nimmt eher zu. Auch wenn Europa im Vergleich zu anderen Staaten (siehe Einleitung) relativ wenige Flüchtlinge aufnimmt, herrscht eine ablehnende und diskriminierende Stimmung und Sichtweise auf die Flüchtlinge. So werden beispielsweise in Europa Flüchtlinge und Asylsuchende als Menschen zweiter Klasse behandelt. Es werden ihnen negative Eigenschaften zugeschrieben, ohne dass dies der Wahrheit entspricht (Kriminalität, Sozialschmarotzer, religiöse Fanatiker etc.). Dabei ist eine klare Trennlinie zwischen Mehrheitsgesellschaft und dieser Minderheit zu erkennen und selbst nach Jahren des legalen Aufenthalts in Europa gelten sie noch als Fremde und werden dementsprechend so behandelt. Weiterhin müssen sie ein Leben lang Angst haben, dass sie wieder ihren sicheren Status in Europa verlieren (z.B. aufgrund von Kriminalität etc.). Der Flüchtlingsstatus ist kein abschließend sicherer Rechtsstatus, sondern kann jederzeit begründet von den Behörden begründet widerrufen werden.

In Europa ist der Gedanke des Nationalstaats tief verankert und führt dazu, dass Staaten definieren können, wer dazu gehört und wer auch nicht. Das System von Nationalstaaten mit ihren herrschaftlichen Machtstrukturen bildet hierzu die Basis. So sind Flüchtlinge immer „die anderen" und werden stets als Bedrohung wahrgenommen, welche es abzuwehren gilt. Gleichzeitig ist die Konstruktion der Gruppe „Flüchtlinge" innerhalb der Länder gewollt und Flüchtlinge werden damit zur Projektionsfläche von Aggression und Rassismus innerhalb der Gesellschaft. Dies trägt zum Machterhalt der bestehenden Strukturen bei. Dieser Logik der Abschreckung und der Nationalstaatsideologie mit eigenen „BürgerInnen" ist es zu verdanken, dass Flüchtlingen in Europa die Integration weitestgehend untersagt bleibt. Sie waren „Fremde" als sie kamen und bleiben es, damit man sie so schnell wie möglich wieder zurückschieben kann.

Das Ziel der nachfolgenden Analyse der europäischen Gesetzgebung in Bezug auf Asyl und Flüchtlinge ist es aufzuzeigen, wie diese künstliche Konstruktion der sozialen Gruppe „Flüchtlinge" zustande kommt und in welchen juristischen Kodifizierungen dies verankert ist. Weiterhin soll deutlich werden, wie das soziale Problem „Flüchtlinge" im Sinne des „Doing Social Problems" (Axel Groenemeyer) konstruiert wird und welche Implikationen enthalten sind. Zielführend und leitend ist dabei nachfolgend das kritische und konfliktorientierte Paradigma

4.1 Einführung ins Thema

Aufgrund von internationalen Verflechtungen und Mitgliedschaften in supra- und internationalen Organisationen und Strukturen (z.B. EU, UN, Weltbank, NATO, WTO, WHO etc.) gehen Nationalstaaten wechselseitige Verpflichtungen ein. Werden diese nicht eingehalten, hat es Sanktionen durch die anderen Mitgliedsstaaten zur Folge. Weiterhin hat die Einbindung in diese internationalen und supranationalen Strukturen das Eingehen von rechtlichen Verpflichtungen zur Folge und beinhaltet ebenso die Teilnahme an Aushandlungsprozessen (vgl. Groenemeyer et. al. 2012, S. 150).

> „Es handelt sich hierbei um die Unterwerfung unter einen Zwang zur Übernahme bestimmter Ideen, Strukturen und Inhalte von Politiken, der mit der Mitgliedschaft in den Organisationen, mit Abschluss internationaler Verträge oder mit der Notwendigkeit der Annahme wirtschaftlicher und

finanzieller Hilfen oder Vorteile eingegangen wird." (Groenemeyer et. al. 2012, S. 150)

Hieraus ergeben sich internationale Kontrollregime, in welchen die beteiligten Staaten jeweils unterschiedliche Durchsetzungschancen und Machtpositionen zur Durchsetzung von eigenen Formen von Politik haben. Dies kann z.B. durch die Gewährung oder Verweigerung wirtschaftlicher Vorteile geschehen (vgl. Groenemeyer et. al. 2012, S. 150). Eine gesonderte Rolle kommt den internationalen Gerichtshöfen (z.B. Internationaler Strafgerichtshof, Europäischer Gerichtshof für Menschenrechte etc.) zu. Diese Gerichtshöfe haben bei einer Vielzahl von Fällen direkte nationale Regulierungen sozialer Probleme zum Thema gehabt. Weiterhin stellen die internationalen Gerichtshöfe bedeutsame Institutionen der Problematisierung durch gesellschaftliche Gruppen, insbesondere für Fragen der Menschenrechte, dar (vgl. Groenemeyer et. al. 2012, S. 150).

Die transnationale Migration nach Europa und ebenso die Migration innerhalb von Europa werden durch eine Kombination aus Bestimmungen des nationalen Rechts, des Unionsrechts, der Europäischen Menschenrechtskonvention, der Europäischen Sozialcharta und anderen internationalen Verpflichtungen geregelt. Maßgebend hierfür ist, dass die europäischen Staaten diese Regelungen bewusst eingegangen sind (vgl. Agentur der Europäischen Union für Grundrechte 2014, S. 26).

<u>Europäische Union</u>

Die Europäische Union (EU) ist ein Staatenverbund von aktuell 28 Mitgliedsstaaten. Das Unionsrecht setzt sich aus primärem und sekundärem EU-Recht zusammen und bildet damit die rechtliche Grundlage. Dem primären Unionsrecht sind die Verträge (Vertrag über die Europäische Union und der Vertrag über die Arbeitsweise der Europäischen Union) zuzuordnen, welche jeweils von allen EU-Mitgliedsstaaten angenommen wurden. Mit dem sekundären Unionsrecht werden die Verordnungen, Richtlinien, Entscheidungen und Beschlüsse der EU bezeichnet, welche von den zuständigen Organen der EU verabschiedet werden (vgl. ebd. S. 19).

Im Dezember 2009 trat der Vertrag von Lissabon in Kraft. Seit diesem Zeitpunkt ist die Charta der Grundrechte der Europäischen Union (EU) bindend. Des Weiteren bedeutet der Vertrag den Beitritt der Europäischen Union zur Europäischen Konvention zum Schutz der Grundfreiheiten und Menschenrechte, welche wiederum für alle Mitgliedsstaaten der EU und des Europarates ebenfalls rechtlich bindend ist (vgl. ebd. S. 3).

<u>Europarat</u>

Nach dem Ende des Zweiten Weltkriegs wurde der Europarat gegründet, mit dem Ziel die Staaten Europas zusammenzubringen, Rechtsstaatlichkeit, Demokratie, Menschenrechte und die soziale Entwicklung zu fördern. Um dies zu erreichen verabschiedete er im Jahr 1950 die Europäische Menschenrechtskonvention (EGMR) und richtete den Europäischen Gerichtshof für Menschenrechte (EGMR) ein, welcher sich auch mit Individualbeschwerden (von natürlichen Personen, Personengruppen oder auch Nichtregierungsorganisationen) befassen kann. Ende 2013 gehörten dem Europarat 47 Mitgliedsstaaten an (inkl. der 28 Staaten der EU) (vgl. ebd. S. 17)

<u>Die Charta der Grundrechte der Europäischen Union</u>

Die Charta der Grundrechte der Europäischen Union wurde vom Europäischen Gerichtshof für Menschenrechte entwickelt, da die ursprünglichen Verträge der Europäischen Gemeinschaften keinen Verweis auf die Menschenrechte bzw. den Schutz von diesen enthalten. Die Charta enthält eine umfassende Auflistung von Menschenrechten, welche sich wiederum an den Rechten orientieren, die in den Verfassungen der Mitgliedsstaaten der EU, der Europäischen Menschenrechtskonvention (EGMRK), der Europäischen Socialcharta (ESC) und internationalen Menschenrechtsverträgen (z.B. Konvention über die Rechte des

Kindes der Vereinten Nationen) verankert sind. Im Jahr 2000 wurde diese Charta verkündet und zum 1. Dezember 2009 mit dem Vertrag von Lissabon endgültig rechtsverbindlich (vgl. ebd. S. 23f.).

<u>Inhalte in Bezug auf Asyl:</u> (vgl. ebd. S. 24)

- Artikel 18 der EU-Grundrechtecharta enthält ein Recht auf Asyl. Gemäß Artikel 18 handelt es sich hierbei um ein bedingtes Recht: „Das Recht auf Asyl wird nach Maßgabe des Genfer Abkommens [...] sowie nach Maßgabe des Vertrags über die Europäische Union und des Vertrags über die Arbeitsweise der Europäischen Union [...] gewährleistet."

- Artikel 19 der Charta enthält das Verbot, eine Person in einen Staat abzuschieben oder auszuweisen, in dem für sie die ernsthafte Gefahr der Todesstrafe, der Folter oder einer anderen unmenschlichen oder erniedrigenden Strafe oder Behandlung besteht (Non-Refoulement-Prinzip oder auch Grundsatz der Nichtzurückweisung).

Darüber hinaus gibt es noch einige weitere relevante Bestimmungen in Bezug auf Migration (u.a. Artikel 47 und Artikel 52).

<u>Weitere europarechtliche Regelungen</u>

Gemäß dem EU-Recht gibt es rund 20 verschiedene Gruppen von Drittstaatsangehörigen mit jeweils unterschiedlichen Rechten. In Verbindung mit den EU-Mitgliedsstaaten weichen diese voneinander ab oder ergeben sich aus der Notwendigkeit eines besonderen Schutzes. Dabei sieht das Unionsrecht für einige Gruppen, z.B. AsylbewerberInnen, umfassende Regelungen vor. Auf der anderen Seite sind für andere Gruppen, z.B. Studierende, nur bestimmte Aspekte geregelt und die EU-Staaten können nach eigenem Ermessen über die übrigen Rechte entscheiden. Im Allgemeinen lässt sich sagen, dass Drittstaatsangehörige, welche sich dauerhaft in der EU niederlassen dürfen, mit mehr Rechten ausgestattet werden, als diejenigen, welche sich nur vorübergehenden in der EU aufhalten (vgl. ebd. S.13ff.).

In Bezug auf Asyl und Migration sind folgende europarechtlichen Regelungen von Bedeutung:

- Zugang zum Hoheitsgebiet und zu Verfahren;
- Status und entsprechende Dokumente;
- Asylentscheidungen und Abschiebungshindernisse: materielle Aspekte;
- Verfahrensgarantien und Rechtsbeistand bei Asyl- und Rückführungsentscheidungen;
- Privat- und Familienleben und das Recht, eine Ehe einzugehen;

- Inhaftnahme und Einschränkung der Freizügigkeit;

- Die Abschiebung und deren Durchführung;

- Wirtschaftliche und soziale Rechte;

- Personen mit besonderen Bedürfnissen.

(vgl. ebd. S. 15)

4.2 Genfer Flüchtlingskonvention

Bei der Untersuchung und der Analyse der europäischen Gesetzgebung in Bezug auf Asyl und die künstliche Konstruktion der Flüchtlinge, ist die Genfer Flüchtlingskonvention[4] die zentrale juristische Kategorie, welche international verbindlich festlegt, wer als Flüchtling zu betrachten ist und welche Folgen diese Konstruktion für den Einzelnen im Rahmen der europäischen Staaten hat.

Die ursprüngliche Version der Genfer Flüchtlingskonvention (GFK) von 1951, sah vor, den Menschen Schutz zu gewähren, welche aufgrund von Ereignissen fliehen musste, die vor dem Jahr 1951 lagen. Durch das Zusatzprotokoll von 1967 wurde dann jedoch diese zeitliche Begrenzung

---

[4] Der Gesetzestext der Genfer Flüchtlingskonvention (§60 Aufenthaltsgesetz) findet sich im Anhang zu diesem Buch.

aufgehoben[5]. Seitdem gilt die GFK weltweit und zeitlich unbegrenzt.

Als hauptsächlichen Inhalt dieser Konvention ist zu nennen, dass sie festlegt, welche zentralen Rechte von Menschen geschützt werden müssen. Hierzu zählen der Religions- und Bewegungsfreiheit, das Recht auf Arbeit, das Recht auf Bildung und auf den Erhalt von Reisedokumenten. Ebenso betont die GFK die Pflichten von Flüchtlingen in ihrem Aufnahmeland. Dazu heißt es in Artikel 1A Abs. 2:

> „Flüchtlinge im Sinne dieser Konvention ist jede Person, „die aus der begründeten Furch vor Verfolgung wegen ihrer Rasse, Religion, Nationalität, Zugehörigkeit zu einer bestimmten sozialen Gruppe der wegen ihrer politischen Überzeugung sich außerhalb des Landes befindet, dessen Staatsangehörigkeit sie besitzt, und den Schutz dieses Landes nicht in Anspruch nehmen kann oder wegen dieser Befürchtungen nicht in Anspruch nehmen will […]."

Ein weiteres zentrales Prinzip der GFK ist das Verbot, einen Flüchtling in ein Land zurückzuweisen, in welchem er

---

[5] vgl. www.unhcr.org/dach/de/services/faq/faq-genfer-fluechtlingskonvention

Verfolgung fürchten muss (Non-Refoulment) und benennt zudem die Personen und Gruppen von Personen, welche vom Schutz der GFK ausgenommen sind[6].

Jede nationalstaatliche Regierung ist dazu verpflichtet die Gesetze des Landes durchzusetzen. Ist sie hierzu nicht willens oder nicht in der Lage, wie z.B. bei öffentlichen Konflikten oder Unruhen, dann müssen Menschen aufgrund der Verfolgung fliehen und in einem anderen Land Schutz suchen. Für diesen Schutz sind nun wiederum die Regierungen der Aufnahmeländer zuständig und müssen diesen gewährleisten. Es besteht jedoch keine Verpflichtung den Flüchtlingen dauerhaftes Asyl oder Schutz zu gewährleisten. Diese Voraussetzungen werden über die entsprechenden gesetzlichen Regelungen abgedeckt. Insgesamt sind die 147 Vertragsstaaten des Abkommens verpflichtet die Bestimmungen der GFK bei sich durchzusetzen[7].

Hierbei ist vor allem das Prinzip des Non-Refoulment, des Verbots der erzwungenen Rückkehr in ein Land, in dem Verfolgung droht, als Teil des Völkergewohnheitsrechts für jeden Staat bindend. In jedem Fall sind Personen, die ein Verbrechen gegen den Frieden, gegen die Menschlichkeit

---

[6] vgl. ebd.
[7] vgl. ebd.

oder ein Kriegsverbrechen begangen haben, vom Schutz der GFK ausgeschlossen. Dies gilt auch für schwere nicht-politische Verbrechen (bspw. Terrorismus)[8].

Kritische Anmerkungen zur Genfer Flüchtlingskonvention (GFK)

Fragt man nach der Konstruktion des sozialen Problems „Flüchtlinge" in Europa, so ist die Genfer Flüchtlingskonvention die zentrale Einheit, welche festlegt wie die Gruppe der „Flüchtlinge" im Konstruktionsprozess zustande kommt. Dabei verweist diese Konstruktion weg vom eigentlichen Konfliktgegenstand, welcher darin besteht, dass es in allen Ländern und allen Gesellschaften stets zwischenmenschliche Konflikte gibt und es Menschen sind, welche sich auf den Weg machen, um ein besseres Leben bzw. ein geschütztes Leben zu finden. Des Weiteren kann die Genfer Flüchtlingskonvention nicht die Probleme in den Heimatländern lösen, sondern bekämpft lediglich die Auswirkungen der Konflikte auf europäischem Grund und Boden. Inhaltlich ist die GFK breit gefächert und bietet trotzdem mehr als genug Spielraum für länderspezifische Interpretationen und Auslegungen. Dies wirkt sich wiederum auf die

---

[8] vgl. ebd.

68

Vergabe des Flüchtlingsstatus aus, sodass man sagen kann, dass die europäischen Länder ganz unterschiedlich und damit zugleich willkürlich, geflohene Menschen einen Flüchtlingsstatus gewähren oder eben auch nicht.

4.3 Ursprung des Begriffs „Asyl"

Das Wort „asylos" kommt aus dem Griechischen und bedeutet „Zufluchtsstätte". Im Altertum war damit nicht ein Territorium eines anderen Staates gemeint, sondern ein Ort, der unter Herrschaft der Götter stand (z.B. Tempel, Kirche, Kloster), sodass dort jede menschliche Herrschaft endete und damit auch die Rechte der politischen Machthaber, einen Menschen zwangsweise festzunehmen. Hier konnte ein Flüchtling, selbst wenn er ein Verbrechen begangen hatte, der Verfolgung durch den Heimatstaat entgehen. In christlicher Zeit nahmen auch die Kirchen dieses Recht in Anspruch, obwohl es vom Ursprung her im Sinne des Alten Testaments eigentlich nur ein Ort war, an welchem keine Blutrache ausgeübt werden durfte. Dies beinhaltete jedoch, dass der flüchtige Verbrecher an diesem Ort vor ein Gericht gestellt werden konnte (vgl. 4. Mose 35, Vers 10 ff.) Später wurde das Asylrecht dann auch von heidnischen Herrschaftsstrukturen entdeckt und umgesetzt (vgl. Tiedemann 2009, S. 161).

Über die Jahrhunderte hinweg wurde Asyl als ein Hospital oder eine Herberge verstanden, wo Menschen Zuflucht vor Obdachlosigkeit und Not gefunden haben. Erst durch die Verwendung des Begriffs im deutschen Grundgesetz, bekam das Wort „Asyl" die Bedeutung von staatlichem

Schutz für Ausländer, welche in ihrem Heimatstaat aus politischen oder religiösen Gründen verfolgt werden. Damit ist der Schutz nun nicht mehr an einen bestimmten lokalen Ort gebunden, sondern kann auch dadurch gewährt werden, dass z.B. dem Flüchtling ein Reisepass im Rahmen des Flüchtlingsschutzes ausgestellt wird, mit welchem der Flüchtlinge dann weltweit reisen kann. Asyl ist nun also kein Ort mehr, sondern ein rechtlicher Status, welcher ein Bündel von Rechten und Pflichten mit sich bringt (vgl. ebd.).

Dieser Kerngedanke des Asylrechts setzte sich über die Jahrhunderte hinweg durch und findet sich auch im heutigen Recht verankert. Im 19. Jahrhundert setzte sich zunehmend auch der Schutz für politische Flüchtlinge durch. Jeder Staat hat demnach das Recht einen Flüchtling nicht auszuliefern. Vorbehalte gab und gibt es aufgrund von bilateralen Auslieferungsverträgen für politische Flüchtlinge (vgl. ebd.).

Bis zu Beginn des 20. Jahrhunderts war die Einreise und der Aufenthalt von Menschen aus fremden Ländern per Gesetzt nicht geregelt. Es gab weder Visa noch eine Aufenthaltserlaubnis. Wer also im Herrschaftsgebiet seines eigenen Landes verfolgt wurde, konnte sich ohne weiteres in das Herrschaftsgebiet eines anderen Landes flüchten. Nur wenn der Verfolgerstaat die Auslieferung seines Bürgers oder Untertanen anforderte und verlangte, wurde die Flüchtlingsfrage zu einer Rechtsfrage. Hierbei standen sich dann die völkerrechtlichen Prinzipien Personalhoheit (des Verfolgerstaates über seine Untertanen) und die Territorialhoheit (des Zufluchtsstaates, welcher dem Zugriff anderer Staaten auf seinem Gebiet Grenzen setzte) gegenüber (ebd.).

4.4 Flüchtlinge in Europa

In der europäischen Union ist gemeinschaftlich und verbindlich geregelt, welche Personengruppen ggf. Schutz vor Verfolgung erhalten und welche nicht. So wird Schutz vor Verfolgung wegen der Rasse, Religion, Nationalität, Zugehörigkeit zu einer bestimmten politischen Gruppe oder aufgrund einer politischen Meinung. Dabei basiert dieser Schutz auf dem völkerrechtlichen Grundsatz des sog. „Non-Refoulment", also der Nichtzurückweisung. Gemäß Artikel 33 der Genfer Flüchtlingskonvention und Artikel 3 der Europäischen Menschenrechtskonvention, dürfen Flüchtlinge nicht in einen Staat abgeschoben werden, in welchem ihnen unmenschliche Behandlung, Strafe oder gar die Todesstrafe drohen.

Vom ursprünglichen Gedanken her, lagen die Zuständigkeiten für die Bereiche Asyl und Migration bei den souveränen Nationalstaaten in Europa. Doch die starke Zunahme in den Bereichen Flucht und Asyl in den 1980er- und 1990er-Jahren führten zu einer verstärken Zusammenarbeit der EU-Staaten und einer Harmonisierung auf juristischer Ebene und so wurde 2005 die erste Stufe der Harmonisierung abgeschlossen[9].

Wie alle europäischen Politikfelder, wurzelt auch die Asylpolitik in den Römischen Verträgen von 1957[10], auch wenn damals noch nicht die Zuwanderung von Drittstaatlern explizit geregelt worden war. Ab Mitte der 1980er-Jahre kam es verstärkt zu Bestrebungen zur besseren Zusammenarbeit, u.a. in der Asyl- und Zuwanderungspolitik. Dies war auch die Zeit der ersten Maßnahmen zur Regelung der Freizügigkeit innerhalb der europäischen Staaten. Ende der 1980er-Jahre nahmen aufgrund von weltweiten Krisen und Kriegen die Fluchtbewegungen zu und dies war der Anlass für das sog. Dubliner-Abkommen (1990 beschlossen und

---

[9] vgl. http://www.bpb.de/gesellschaft/migration/dossier-migration/56551/asyl-fluechtlingspolitik
[10] Dies beinhaltete insbesondere die Gründung der Europäischen Wirtschaftsgemeinschaft, sowie dem Vorläufer des europäischen Parlaments, einem gemeinsamen Gerichtshof und einen gemeinsamen Sozial- und Wirtschaftsausschuss.

1997 in Kraft getreten). Dieses regelte, dass nur ein EU-Staat für die Durchführung des Asylverfahrens zuständig ist und ein Weiterschieben des/der AsylbewerberIn unzulässig. Der Staat, in welchen der/die AsylbewerberIn zuerst eingereist ist, ist auch für die Durchführung des Asylverfahrens zuständig. Doch damit war nur geregelt, welcher Staat für den Asylantrag zuständig ist und es gab keine einheitliche Regelung bezüglich der Ausgestaltung und er innerstaatlichen Verfahrensweise im Asylverfahren[11].

Im Anschluss daran verpflichteten sich die Mitgliedsstaaten mit dem Maastrichter Vertrag von 1992 erstmalig zu einer gemeinsamen Zusammenarbeit in den Bereichen Asyl- und Einwanderungspolitik. Per Definition wurden Fragen der Kontrollen an den Außengrenzen und die Einwanderungspolitik zu Angelegenheiten vom gemeinschaftlichen Interesse erklärt, welche jedoch zunächst im Bereich der zwischenstaatlichen Kooperation verblieben. Lediglich die Visapolitik wurde komplett vergemeinschaftet[12].

Mit dem sog. Amsterdamer Vertrag von 1997 (seit 1999 in Kraft getreten) kam es zu Regelungen zum schrittweisen Aufbau eines gemeinsamen Raums der Freiheit, der

---

[11] vgl. http://www.bpb.de/gesellschaft/migration/dossier-migration/56551/asyl-fluechtlingspolitik
[12] vgl. ebd.

Sicherheit und des Rechts, was dazu führte, dass die Politikfelder Asyl und Einwanderung sowie die Kontrolle der Außengrenzen weitestgehend in eine gemeinsame Zuständigkeit überführt wurden. Mit diesem Amsterdamer Vertrag und dem Vertrag von Nizza (2003) vergrößerten sich auch die Mitwirkungsrechte des Europäischen Parlaments, sodass dieses Gremium mit Einfluss auf die Gesetzgebung bekam[13].

Mit der Asylverfahrensrichtlinie (2006) wurde zwar das Fundament für eine gemeinsame Asyl- und Einwanderungspolitik gelegt, jedoch verstärkte sich in dieser Gesetzgebung zunehmend die Tendenz der Abschottung, verstärkter Grenzkontrollen, polizeilicher Zusammenarbeit und gegenseitiger Anerkennung von gerichtlichen Entscheidungen in diesen Bereichen[14].

Bereits 2003 trat die sog. Dublin-II Verordnung in Kraft und löste die erste Dublin-Verordnung ab. Ziel ist es, dass Asylanträge möglichst schnell und effizient bearbeitet werden. Hierzu verstärkte sich das Prinzip der Zuständigkeit des Staates, auf dessen Land der Flüchtling als erstes seinen Fuß gesetzt hat. Damit sollten Mehrfachanträge verhindert

---

[13] vgl. ebd.
[14] vgl. ebd.

werden. Vor allem setzt dieses Verfahren auf Identifizierungssysteme wie EURODAC (europaweites und zentrales Datenspeicherungssystem für Fingerabdrücke, Namen und andere Erkennungsmerkmale). Damit einher gingen verstärkte Kontrollen an Europas Außengrenzen, insbesondere auf See Richtung Nordafrika. Damit versuchen sich die Grenzstaaten vor den hohen Kosten der Asylverfahren und der Unterbringung und Versorgung von Flüchtlingen zu schützen. Damit sinken zugleich die Chancen überhaupt einen Asylantrag in der EU stellen zu können und vor allem die Binnenländer (Deutschland, Frankreich etc.) profitieren von diesen Zuständigkeitsregelungen[15].

Die europäischen Regelungen, und insbesondere die Genfer Flüchtlingskonvention, decken nicht alle möglichen Fluchtgründe ab. Aus diesem Grund gibt es nationalstaatliche Regelungen zur Aufnahme von Flüchtlingen (z.B. sog. Kontingent-Flüchtlinge) oder herkunftslandspezifische Regelungen. Ebenso ist es möglich einen sog. subsidiären Schutzstatus (gemäß der Qualifikationsrichtlinie 2004/83/EG) zu erhalten. Dieses Prüfungsverfahren bedeutet, dass die Situation vom Flüchtling individuell geprüft wird und dem Flüchtling in seinem Land ein ernster

---

[15] vgl. ebd.

Schaden, wie z.B. Tod oder Folter droht. Dabei umfasst der subsidiäre Schutzstatus vor allem die Fallkonstellationen, welche nicht über die Genfer Flüchtlingskonvention abgedeckt werden[16].

Im öffentlichen Diskurs und in den politischen Debatten stehen die Asyl- und Einwanderungsregelungen zumeist im Zusammenhang mit den Themen Terrorismusbekämpfung und Sicherheitspolitik. Es zeigt sich, dass Zuwanderung immer noch als Problem und als Gefahr wahrgenommen wird, welche es abzuwehren gilt. Aus diesem Grund wurden in den letzten Jahren in Europa, und genauso in Deutschland, die gesetzlichen Regelungen in Bezug auf Asyl und Einwanderung weiter verschärft. Dies war auch Anlass zur Gründung der sog. Europäischen Agentur für die operative Zusammenarbeit an den Außengrenzen (FRONTEX), welche den Mitgliedsstaaten beim Schutz der Außengrenzen beratend und operativ zur Seite steht und personell seit ihrer Gründung immer mehr erweitert wurde.

Insgesamt betrachtet zielen die europäischen Regelungen viel mehr auf Abwehr und verringerte Rechtssicherheit für Flüchtlinge. Es wurden Schnellverfahren etabliert, welche

---

[16] vgl ebd.

es ermöglichen die Asylsuchenden schnellstmöglich wieder los zu werden. Weiterhin wurde mit der sog. sicheren Drittstaatenregelung ein System etabliert, welches es ermöglich Staaten per Definition als sicher zu erklären. Schutzsuchende aus diesen Staaten können dann im Schnellverfahren abgelehnt werden. Weiterhin zeigt sich, dass es ein Zufallsprinzip bleibt in welchem Staat ein Asylsuchender Schutz erhält und wo nicht. So ist die Anerkennungspraxis beim gleichen Herkunftsland, in den EU-Staaten unterschiedlich.

4.5 Verhältnis des nationalen Rechts zu Unionsrecht und Verhältnis des Unionsrechts zum Völkerrecht

Da die nationalen Gesetze, welchen den Flüchtlingsstatus betreffen, weitgehend Umsetzungen des Europarechts sind, müssen sie im Lichte der einschlägigen Normen des europäischen Rechts, insbesondere der europarechtliche Qualifikationsrichtlinie ausgelegt werden (Grundsatz der unionskonformen (früher: gemeinschaftsrechtskonformen) Auslegung)

Ergeben sich dabei Fragen, die die Auslegung des Unionsrechts selbst betreffen, muss die Rechtsprechung des EuGHs nach entsprechenden Interpretationshilfen befragt werden. Ggf. muss das zuständige Gericht ein Vorabentscheidungsersuchen nach Art. 267 AEUV an den EuGH richten.

Widerspricht das nationale Recht den Vorgaben des Unionsrechts, ohne Auslegungsspielräume für eine unionskonforme Auslegung zu eröffnen, dann darf das nationale Recht nicht angewendet werden (Grundsatz des Anwendungsvorrangs des Unionsrechts)

Soweit das nationale Recht eine Umsetzung von Völkerrecht darstellt, also etwa der GFK oder der EMRK, ist eine völkerrechtsfreundliche Auslegung des nationalen Rechts geboten.

4.6 Allgemeine Erklärung der Menschenrechte

Die Allgemeine Erklärung der Menschenrechte beinhaltet 30 Artikel und wurde am 10. Dezember 1948 auf der Generalversammlung der Vereinten Nationen in Paris beschlossen. Das Ziel dieser Erklärung der Menschenrechte ist es, „diese Allgemeine Erklärung der Menschenrechte als das von allen Völkern und Nationen zu erreichende gemeinsame Ideal, damit jeder einzelne und alle Organe der Gesellschaft sich diese Erklärung stets gegenwärtig halten und sich bemühen, durch Unterricht und Erziehung die Achtung vor diesen Rechten und Freiheiten zu fördern und durch fortschreitende nationale und internationale Maßnahmen ihre allgemeine und tatsächliche Anerkennung und Einhaltung durch die Bevölkerung der Mitgliedstaaten selbst wie auch durch die Bevölkerung der ihrer Hoheitsgewalt unterstehenden Gebiete zu gewährleisten." (aus der Präambel der Allgemeinen Erklärung der Menschenrechte)

Diese 30 Artikel der Allgemeinen Erklärung der Menschenrechte enthalten die grundlegenden Ansichten über die Rechte, welche jedem Menschen zustehen, „ohne irgendeinen Unterschied, etwa nach Rasse, Hautfarbe, Geschlecht, Sprache, Religion, politischer oder sonstiger Überzeugung, nationaler oder sozialer Herkunft, Vermögen, Geburt oder sonstigem Stand." (Artikel 2 Allgemeine Erklärung der

Menschenrechte) und unabhängig davon, in welchem rechtlichen Verhältnis er zu dem Land steht, in dem er sich aufhält.

Weiterhin ist darauf hinzuweisen, dass diese Erklärung keine verbindliche Rechtsquelle im Völkerrecht darstellt, da sie kein völkerrechtlicher Vertrag ist und somit auch nicht bindend. Allerdings finden sich zentrale Teile der Erklärung in anderen weltweit verbindlichen Vertragswerken wieder. Da es sich bei dieser Erklärung um ein Werk von mehreren Staaten und somit um das Resultat eines schwierigen Kompromisses handelt, ist es bewusst sehr allgemein gehalten, sodass eine unterschiedlich akzentuierte Auslegung möglich ist und auch dementsprechend praktiziert wird.

In Artikel 1 der Allgemeinen Erklärung der Menschenrechte heißt es:

> „Alle Menschen sind frei und gleich an Würde und Rechten geboren. Sie sind mit Vernunft und Gewissen begabt und sollen einander im Geiste der Brüderlichkeit begegnen."

Und in Artikel 14 steht weiter zum Thema Asyl:

> „1. Jeder hat das Recht, in anderen Ländern vor Verfolgung Asyl zu suchen und zu genießen.

2. Dieses Recht kann nicht in Anspruch genommen
werden im Falle einer Strafverfolgung, die tatsächlich auf Grund von Verbrechen nichtpolitischer
Art oder auf Grund von Handlungen erfolgt, die
gegen die Ziele und Grundsätze der Vereinten Nationen verstoßen.“

Mit diesem Artikel beschreibt die Allgemeine Erklärung
der Menschenrechte das politische Asylrecht, welches nur
sehr eingeschränkt gewährt wird. Es ist lediglich das Recht
der Menschen Asyl zu suchen und es verpflichtet keinen
Staat, auch tatsächlich den politisch Verfolgten Asyl zu gewähren.

Weiterhin ist das Asylrecht auf die Menschen beschränkt,
welche nicht aufgrund von Straftaten, gegen die Ziele und
Grundsätze der Vereinten Nationen verstoßen haben und
schließt damit explizit z.B. Kriegsverbrecher aus.

4.7 Zum Asylrecht

*Das Asylrecht ist eines der ältesten Institutionen der Menschheit
und ihr liegen rechtliche und religiöse Vorstellungen zugrunde.
Dabei ist das Asylrecht nicht frei von moralischen und ethischen
Wertungen. Nach allgemeinem Völkerrecht gibt es kein Recht einer aus politischen, rassischen oder religiösen Gründen verfolgten*

Person auf Zuflucht in einem Staat seiner Wahl[17]. *Das Völkerrecht garantiert lediglich die Befugnis der Staaten, den Verfolgten territoriales Asyl zu gewähren. Viele Aufnahmeländer haben mittlerweile die Genfer Flüchtlingskonvention von 1951 unterschrieben, welche sie zur Gewährung von Asyl und einem Mindestschutzstandard verpflichtet. Die GFK begründet aber nicht den Anspruch des Einzelnen auf Asylgewährung, daher gibt es kein subjektiv-individuelles Recht auf Asyl.*

„Jeder hat das Recht, in anderen Ländern vor Verfolgung Asyl zu suchen und zu genießen", so lautet der 14. Artikel der Allgemeinen Erklärung der Menschenrechte, die am 10. Dezember 1948 von der UN Generalversammlung verabschiedet worden ist. Doch die Allgemeine Erklärung der Menschenrechte garantiert kein Asylrecht, da es sich hierbei nur Empfehlungen und kein Recht handelt. Dieses individuelle Asylrecht ist nur eine Zielvorgabe und kein Völkervertragsrecht.

Weiterhin wird bei der Betrachtung der Menschenrechte deutlich, dass es diese Rechte nur geben kann, wo es auch Pflichten gibt. Dabei zielen die Menschenrechte im moralischen Sinne auf die Erfüllung bestimmter moralischer Forderungen an jedermann. Ebenso sind Menschenrechte die Rechte auf die Erfüllung

---

[17] In Europa wird dies mit der Dublin-III Verordnung deutlich, nach welcher in der Regel der Staat für das Asylverfahren zuständig ist, den der Flüchtling zuerst betreten hat.

bestimmter moralischer Forderungen an den Staat. Hieran werden die Dialektik und doppelte Zielgerichtetheit der Menschenrechte sichtbar.

Grundlage dieser allgemeinen Rechte bildet dabei die Menschenwürde, welche gemäß Art. 1 GG „unantastbar" und „zu achten und zu schützen" ist. Dies ist die Verpflichtung aller staatlichen Gewalt. Die Menschenwürde ist für jedermann gültig und zielt auf die Befriedigung der basalen[18] Grundbedürfnisse des Menschen. Jede einzelne Person soll es möglich sein, eine Person mit freier Willensbildung sein zu können. Dem stehen Folter, unmenschliche Behandlung, Gehirnwäsche etc. entgegen, weshalb das Verbot von Folter auch zu den Menschenrechten (Art. 5 EMRK) zählt.

In den Forderungen der Menschenwürde an den Staat ist dieser aufgefordert, durch die Transformation der Elemente der Menschenwürde in juridische Pflichten und Rechtsnormen, die Menschenwürde zu schützen und Verletzungen dieser zu ahnden und zu bestrafen.

Die ideologische Bedeutung der Menschenrechte ist hingegen umstritten und nicht von allen Ländern anerkannt. Dadurch ist eine juristische Durchsetzung der Menschenrechte nicht möglich, da dies eine nationalstaatliche

---

[18] Hierzu zählen u.a. Sicherheit-Vertrauen, Vitalfunktionen, Körpererleben

Rechtsordnung voraussetzen würde. Zumindest ist es mittlerweile möglich in Straßburg beim Europäischen Gerichtshof für Menschenrechte gegen Verletzungen der Menschenrechte zu klagen. Dies beinhaltet ein individuelles Klagerecht.

4.8 Völkerrecht

Zunächst einmal ist festzuhalten, dass das Völkerrecht in seiner Konzeption vom rechtsdogmatischen Anknüpfungspunkt des Begriffs der Staatsangehörigkeit geprägt ist. Diese Staatsangehörigkeit ist jedoch vom unbegrenzten staatlichen Ermessen abhängig (vgl. Marx 1984, S. 146).

Das Umfeld der heutigen souveränen Nationalstaaten ist geprägt von einem „wachsenden staatsübergreifenden Problemdruck" (Geiger 2009, S. 1). Damit ist klar, dass es einer sog. „offenen Staatlichkeit" (Geiger 2009, S. 2) bedarf und kein Staat sich komplett abschotten kann.

Um nun die Beziehungen zwischen den Staaten verbindlich und abschließend zu bestimmen und zu klären, bedarf es daher einer gemeinsamen Rechtsgrundlage, dem Völkerrecht.

> „Die zentrale Aufgabe des Völkerrechts besteht
> nach wie vor in der Regelung der Beziehungen
> zwischen den Staaten. Dies ist nur die

selbstverständliche Folgerung daraus, dass der Staat das Bild der internationalen Beziehungen auch unter den heutigen Bedingungen entscheidend prägt. Der Staat bildet noch immer den wichtigsten Ordnungsfaktor der internationalen Politik." (Geiger 2009, S. 4)

In dieser Definition begründet sich die Notwendigkeit einer staatenübergreifenden rechtlichen Verbindlichkeit, da die nationalen Gesetze keine fremden Staaten binden können. Damit ist das Völkerrecht eine für die Staaten verbindliche Rechtsordnung und regelt die Beziehungen der Staaten untereinander (vgl. ebd. S. 5).

In diesem Sinne unterscheidet sich das Völkerrecht auch deutlich vom nationalen bzw. innerstaatlichen Recht und hat somit einen dezentralisierten Charakter. Jeder Staat hat die Möglichkeit selbst für die Einhaltung des Völkerrechts zu sorgen (vgl. ebd. S. 8).

> „Die Effektivität des Völkerrechts stützt sich vor allem auf die gemeinsame Überzeugung der Staaten von der Existenz gewisser langfristiger gemeinsamer und gegenseitiger Interessen im gegenwärtigen internationalen System. Solch gemeinsamen Überzeugungen lassen sich wenigstens im Kern in den Grundprinzipien des

friedlichen Zusammenlebens der Staaten feststellen, wie etwa in den Grundsätzen der Souveränität der Staaten und ihrer Gleichheit, dem Prinzip Pacta sunt servanda, dem Prinzip der Achtung von Treu und Glauben und dem Gewaltverbot." (Geiger 2009, S. 9f.)

So wird die Effektivität des Völkerrechts vor allem durch konkrete Gegenseitigkeitserwartungen sowie durch die Entlastungsfunktion des nicht-politischen Völkerrechts für den außenpolitischen Entscheidungsprozess der Staaten und, insbesondere im Bereich des humanitären Kriegsrechts, durch ethische Grundsätze gesichert (vgl. Geiger 2009, S. 10).

Das Asylrecht im Völkerrecht

Gemäß dem allgemeinen Völkerrecht steht es jedem souveränen Nationalstaat frei, ob Personen, welche nicht deren Staatsangehörigkeit besitzen, dort einreisen dürfen oder nicht. Grundsätzlich gilt dies auch für Personen, welche in ihrem Heimatland politisch verfolgt werden. Auch wenn der Artikel 14 der Allgemeinen Erklärung der Menschenrechte, Asyl erwähnt, so sind die Staaten jedoch nicht zur Asylgewährung verpflichtet. Der Artikel 14 besagt lediglich, dass jeder Mensch das Recht hat, in anderen Ländern vor Verfolgungen Asyl zu suchen und zu genießen. Jedoch sind die Staaten nicht verpflichtet dieses Asyl auch zu gewähren. Das völkerrechtliche Asylrecht bezieht sich nun vielmehr auf das Verhältnis zwischen dem ersuchten Staat und dem Heimatstaat und besagt lediglich, dass der ersuchte Staat gegenüber dem Heimatstaat berechtigt ist, Asyl zu gewähren. Dies ist somit im Völkerrecht verankert (vgl. Geiger 2009, S. 268).

Prinzipiell ist eine Zurückweisung an der Grenze gemäß Artikel 33 der Genfer Flüchtlingskonvention unzulässig, da der Flüchtling nicht in das Gebiet zurückgewiesen werden darf, wenn er hier politisch verfolgt wird. Doch dieses Refoulment-Verbot begründet noch kein Recht auf Asyl, sondern lediglich ein Verbot der Zurückweisung in den Verfolgerstaat.

Die Voraussetzungen für Asyl sind strikt geregelt. So muss sowohl gemäß Artikel 16a GG als auch gemäß §60 Aufenthaltsgesetz (äquivalent zur Genfer Flüchtlingskonvention) eine individuelle politische Verfolgung vorliegen. Eine politisch verfolgte Person ist demnach jede Person, welche sich aus begründeter Furcht vor Verfolgung wegen ihrer Rasse, Religion, Nationalität, Zugehörigkeit zu einer bestimmten sozialen Gruppe oder wegen einer politischen Überzeugung außerhalb des Landes befindet, dessen Staatsangehörigkeit sie besitzt und somit auch den Schutz dieses Landes nicht in Anspruch nehmen will oder wegen dieser Befürchtungen nicht in Anspruch nehmen kann. Die Verfolgungsmaßnahmen müssen weiterhin eine unmittelbare Gefahr für Leib, Leben oder die persönliche Freiheit darstellen. Weiterhin kann ein Asylrecht nur über die Verletzung der Menschenwürde begründet werden. Damit sind jedoch wirtschaftlich schlechte Bedingungen in den Heimatländern als Asylgründe ausgeschlossen. Diese Personen haben keinerlei Chance auf eine Asylanerkennung in Europa (vgl. Geiger 2009, S. 270).

Geschieht eine Verfolgung nicht aus politischen Gründen, so ist ebenfalls eine Asylanerkennung ausgeschlossen. Jedoch kommt in diesem Fall ein Schutzstatus gemäß der Europäischen Menschenrechtskonvention in Frage. Dies ist insbesondere dann der Fall, wenn bei der Rückkehr in das Heimatland Folter oder andere Verletzungen der Menschenwürde zu erwarten sind (vgl. ebd.).

<u>Das territoriale Asylrecht</u>

Das Asylrecht ist im Verständnis des Völkerrechts kein subjektives Recht des Flüchtlings, sondern ein Recht des Staates. Dementsprechend greift der Akt der staatlichen Asylgewährung in die Personalhoheit des Heimatlandes ein und lässt sich nur über das asylrechtliche Neutralitätsprinzip (die Asylgewährung ist zwischenstaatlich neutral und verletzt nicht die Personalhoheit des Heimatlandes) rechtfertigen. Dies bedeutet, dass die Staaten aufgrund ihrer Territorialhoheit gemäß ihren nationalen Interessen darüber entscheiden dürfen ob und wie den Fremden ein Zugang zum Staatsgebiet erlaubt wird (vgl. Marx 1984, S. 101ff.).

Fazit nach Reinhard Marx:

> „Das fehlende Aufenthaltsrecht und der Glaube an einen bloß temporären Charakter des Flüchtlingsproblems sind die zwei tragenden Konstruktionsprinzipien des internationalen Flüchtlingsrechts."
> (Marx 1984, S. 109)

> „Das fehlende Aufenthaltsrecht der Flüchtlinge ist hierbei das zentrale Rechtsproblem des Völkerrechts." (Marx 1984, S. 111)

4.9 Europarecht
<u>Kurzer Abriss zur Geschichte der Europäischen Union</u>

Die Entwicklung der europäischen Staaten war über Jahrhundert hinweg geprägt von dem Ideal eines souveränen und unabhängigen Nationalstaats mit einer eigenen Herrschaftsmacht. Auf diplomatischer Ebene waren die Staaten bereits immer miteinander verbunden gewesen und auch der zwischenstaatliche Handel stärkte die Entwicklung des eigenen Nationalstaats. Daher bestanden kein Bedarf und auch keine Einsicht unter den Herrschaftsmächten für eine Union von europäischen Staaten (vgl. Borchardt 2006, S. 1). Auch nach dem ersten Weltkrieg änderte sich dies nicht und alle Einigungsversuche scheiterten. Erst nach dem völligen Zusammenbruchs Europas nach Ende des zweiten Weltkriegs mitsamt dem politischen und wirtschaftlichen Verfall sowie Zerfall der europäischen Staaten kam es zu einem erneuten Anlauf zur Zusammenarbeit. Ziel war es, weitere Kriege zu verhindern und die eigene Stellung in der Welt zu stärken (vgl. ebd.).

> „Hinzu kam schließlich der Wunsch und das Verlangen nach einer besseren, freieren und gerechteren Welt mit einer vollkommeneren Ordnung des menschlichen und staatlichen Zusammenlebens."
> (ebd.)

Heute ist die Europäische Union ein Staatenverbund von aktuell 28 Mitgliedsstaaten. Der Grundstein hierfür wurde 1951 mit dem Gründungsvertrag der Europäischen Gemeinschaft für Kohle und Stahl (EGKS) geschaffen. Hieran schlossen sich die „Römischen Verträge" (1957), der „Vertrag von Maastricht" (1992) und der „Vertrag von Lissabon" (2007) an.

Mit dem Vertrag von Amsterdam (1997 beschlossen und 1999 in Kraft getreten) hat eine entscheidende

Weiterentwicklung der Europäischen Union stattgefunden. Vor allem wurden die gemeinsame Außen- und Sicherheitspolitik sowie die Zusammenarbeit der Mitgliedsstaaten in den Bereichen Justiz und Inneres verstärkt. Auch für den Bereich der Asyl- und Einwanderungspolitik gab es einschneidende Veränderungen. Diese Bereiche unterliegen seitdem den strengen Verfahren und Grundsätzen der im Rahmen des Vertrags der Europäischen Gemeinschaft durchgeführten Gemeinschaftspolitiken (vgl. ebd. S. 12). Seitdem erfolgt die weitergehende Gestaltung der Einwanderungspolitik gegenüber Drittstaaten im Rahmen der gemeinsamen Asyl- und Einwanderungspolitik innerhalb der Europäischen Union.

Im Vergleich zu anderen europäischen Organisationen, vom Europarat bis zur OSZE, welche im Wesentlichen internationale Organisationen im Sinne des Völkerrechts darstellen, hat die Europäische Union eine Sonderstellung. Diese gründet darin, dass sie in der Lage ist, dass die aufgrund der zugrundeliegenden Verträge ausgeübte öffentliche Gewalt unmittelbar in die Mitgliedsstaaten hineinwirken kann. Damit stellt die Union eine besondere Kategorie intensiver und staatsnaher Verbindungen zwischen ihren Mitgliedern her. Damit steht die Europäische Union und ihr

Recht quasi zwischen der internationalen und staatlichen Ebene (vgl. Classen, Nettesheim, Oppermann 2009, S. 70).

4.10 Die Europäische Menschenrechtskonvention

Die Europäische Menschenrechtskonvention ist im Rahmen des regionalen Menschenrechtsschutzes das älteste Vertragswerk seiner Art und bildet die systematische Antwort auf die Schrecken und die Missachtung von Menschenrechten während des Dritten Reichs. Der Entstehungsprozess begann im Jahr 1948 und zum 3. September 1953 trat die Konvention in Kraft. In den folgenden Jahren und Jahrzehnten wurde diese von immer mehr europäischen Staaten ratifiziert und nationales Recht transferiert. Durch zahlreiche Zusatzprotokolle wurden seit 1953 vielfältige Änderungen und Verbesserungen vorgenommen. Doch im Kern ist die Europäische Menschenrechtskonvention identisch geblieben. Das Ziel dieser Konvention war und ist es, die zentralen Menschenrechte zu schützen. Dies gilt insbesondere für die notstandsfesten Rechte, welche jedem Menschen auch in Krisen- und Kriegssituationen zustehen (vgl. Grabenwarter 2008, S. 1ff.).

Dies sind gemäß Artikel 15 EMRK folgende:

- Art. 2 EMRK - Leben

- Art. 3 EMRK - Folter, erniedrigende u. unmenschliche Behandlung;

- Art. 4 I EMRK - Sklaverei und Leibeigenschaft;

- Art. 7 EMRK - Strafe ohne Gesetz

Die EMRK nimmt als völkerrechtlicher und multilateraler Vertrag in vielfältiger Hinsicht eine Sonderstellung im Rahmen des völkerrechtlichen Vertragsrechts ein. Das Völkerrecht bestimmt die Beziehungen und Austauschverhältnisse von Staaten untereinander. Die EMRK hingegen richtet sich auf das Verhältnis von Individuen, welche sich auf die Menschenrechte berufen und Staaten, welche sich zur Einhaltung dieser Garantien völkerrechtlich verpflichtet haben. Damit ist die EMRK ein Rechtsschutzsystem zur gerichtlichen Überprüfung der Einhaltung der Garantien und beinhaltet u.a. ein Individualbeschwerderechte von einem ständigen Gerichtshof.

4.11 Analyse der juristischen Sprache

Die politischen Prozesse sind weithin geprägt von der juristischen Sprache der Verfassungen, Abkommen, Gesetzesbüchern, Verträgen, Gesetzesentwürfen sowie der rechtlich bindenden Abschnitte richterlicher Entscheidungen. Dabei existiert eine erhebliche Wissenslücke zwischen den Laien und den professionellen AnwältInnen, RichterInnen und der Bürokratie insgesamt. Der Laie versucht sich die Bedeutung der Wörter in ihrer lexikalischen Bedeutung zu erschließen, nur um das festzustellen, dass diese Lexikonbedeutungen in operativer Hinsicht geradezu irrelevant sind, wenn es um die Funktion des betreffenden Gesetzes oder eines Abkommens im politischen Prozess geht. Doch genau dieser Fakt ist es, der AnwältInnen, RichterInnen und der Bürokratie ihre politische und soziale Funktion verschafft. Wären die Regelungen unzweideutig und per Definition geklärt, dann gäbe es keinen Streit und keine Interpretationen über die Bedeutungen. Damit ergibt es sich nun, dass die Exekutive und RichterInnen ganz verschiedene und sich zum Teil widersprechende Dinge tun, auch wenn sie vorgeben ein und dieselbe Gesetzesdirektive auszuführen (vgl. Edelman 2005, S. 173).

> „In operativer Hinsicht funktioniert also die Lexikonebene der Bedeutung juristischer Sprache in doppelter Weise: sie gibt der Masse der Bürger eine Grundlage für die Annahme, es gäbe eine mechanische, präzise, objektive Definition des Rechts, und sie stellt ein Vokabular zur Verfügung, in dem organisierte Gruppen ihre Handlungen so rechtfertigen können, dass sie dem

umgangssprachlichen Verständnis entgegenkommen." (Edelman 2005, S. 174)

Syntaktisch gesehen besteht die juristische Sprache fast ausschließlich aus Definitionen und Vorschriften. Dies kann ein gesetzlicher Standard in normativer Sprache sein, eine Direktive zur Erreichung eines bestimmten Ziels oder ein quantitatives Kriterium (vgl. ebd. S. 174).

Ziel ist es, dass die juristischen Definitionen bei den Menschen den Eindruck einer beträchtlichen Präzision erwecken sollen. Die juristische Sprache ist eine Sprache, welche von den Organen, die vom Volk gewählt wurden, gebraucht und verwendet wird. Sie beinhaltet scheinbar präzise Definitionen und Anweisungen an die RichterInnen sowie die Exekutive und liefert die formale Basis für diesen symbolisch erzeugten Eindruck (vgl. ebd.).

Bei genauerer Betrachtung fällt auf, dass die juristische Sprache sehr flexibel ist. Es gibt unterschiedliche Auslegung von ein und demselben Text durch unterschiedliche Behörden, zu anderen Zeiten, unter geänderten Bedingungen und bei differierenden Gruppeninteressen. Weiterhin gibt es keine allgemein angewandten und anerkannten objektiven Kriterien, um diese Unterschiede zu beseitigen. Genau diese Zweideutigkeit ist gewollt, da sie der allernützlichste Bestandteil der juristischen Sprache für die AnwältInnen und ihre Klientel ist (vgl. ebd. S. 175).

> „Für die direkt Beteiligten unterliegt die Bedeutung des Rechts einer dauernden und beobachtbaren Wandlung je nach den veränderten Machtpositionen der beteiligten Gruppen." (Edelman 2005, S. 175)

Betrachtet man das Rechtssystem und die juristische Sprache aus unterschiedlichen Perspektiven, so ergibt sich, dass das zuvor dargestellte flexible Auslegungsverhalten vor Gerichten und Verwaltungen gleichzeitig eine symbolische Befriedigung bestimmter relevanter Gruppen, Konfliktlösung und Selbstbestätigung ist. Damit genügt die juristische Sprache sowohl den Ansprüchen von Interessengruppen, wie auch denen des Massenpublikums. Die Sprachform ist mit dem sozialen und politischen Frieden verträglich, da sowohl die Laien als auch die beteiligten gesellschaftlichen Eliten in den Situationen, in welchen es andernfalls zu einem offen Konflikt käme, sich auf die juristische Sprache berufen können, die Reaktionen des anderen voraussehen und ebenso berücksichtigen können (vgl. ebd. S. 176).

4.12 Ergebnisse der Analyse der europäischen Gesetzgebung in Bezug auf Asyl

Es ist klar und verständlich, dass sich niemand leichtfertig und unüberlegt nachts in ein marodes Boot setzt, wobei er/sie doch weiß, dass der Tod auf dem Mittelmeer droht. Ebenso setzt niemand alles aufs Spiel und lässt alles bisher Gekannte und Wichtige zurück (Heimat, Besitz, Familie oder sogar Kinder), wenn er/sie sich nicht mehr erhofft als nur ein paar Sozialleistungen im Zielland. Wer Asyl sucht, kämpft dabei oft um das Überleben selbst, weil im Herkunftsland Krieg herrscht, Verfolgung droht, tägliche Diskriminierung oder die eigene Existenz permanent in Gefahr ist.

Flüchtlinge, also Menschen, die dauerhaft und unfreiwillig ihren Wohnort wechseln müssen, zu schützen ist eine humanitäre und völkerrechtliche Verpflichtung. Das Asylrecht in unserer Verfassung, die Genfer Flüchtlingskonvention und die Europäische Menschenrechtskonvention, die zum Flüchtlingsschutz verpflichten, wurden als Reaktion auf die Grausamkeiten des Nazi-Regimes und des Zweiten Weltkriegs geschaffen. Dabei legen diese gesetzlichen Normen und Regelungen sehr genau fest, wer als Flüchtling bzw. AsylbewerberIn anerkannt wird und Schutz erhält und wer nicht. Diese gesetzlichen Konstruktionen, welche von Menschen erschaffen wurden, spiegeln Macht- und Herrschaftsverhältnisse wider. Sie legen fest wer dazu gehört und sich dauerhaft in Europa aufhalten darf, und wer nicht dazu gehört. Diese Gruppe von Menschen muss Europa dann wieder verlassen und in ihre jeweilige Heimat zurückkehren, obwohl dort keine Existenz möglich ist.

Die restriktiven europäischen Regelungen in Bezug auf Zuwanderung und Flüchtlinge sind das Ergebnis der jahrzehntelangen Bestrebungen von konservativen politischen Gruppierungen und Parteivereinigungen. Zentral ist dabei die sog. „Dublin-Verordnung", welche die innereuropäische Zuständigkeit für die Bearbeitung des Asylgesuchs und die Versorgung des Flüchtlings regelt. Zuständig ist das europäische Land, auf welches der Flüchtling als erstes seinen Fuß gesetzt hat. Mittlerweile ist diese Verordnung schon in dritter Generation mit Dublin-III fortgeschrieben. Dieses System wurde entwickelt, um die Flüchtlingslasten vor allem auf Randstaaten der EU abzuwälzen. Dabei lässt sich feststellen, dass das System der Dublin-Verordnung sich vor allem am Verursacherprinzip orientiert und dabei die Staaten mit hohen Flüchtlingszahlen bestraft, welche es nicht schaffen die Zuwanderung zu verhindern. Dies führt dazu, dass die Randstaaten die Flüchtlinge lieber im Mittelmeer ertrinken lassen, anstatt sie am Leben zu erhalten und ihnen Einlass in die europäische Festung zu gewähren. Das Mittelmeer ist ein Friedhof geworden, und insbesondere ein Friedhof der Menschenrechte. Jeden Tag stirbt hier das Menschenrecht auf Asyl und auf ein menschenwürdiges Leben. Europa schützt seine Grenzen und nicht die Flüchtlinge.

Die toten Menschen im Mittelmeer sind Routine geworden und das Ergebnis der unterlassenen Hilfeleistung der Europäischen Union. Dabei hätte die Politik in Europa durchaus die Möglichkeiten und die Mittel die Flüchtlinge zu retten und aufzunehmen. Doch stattdessen sollen die toten Flüchtlinge, weitere flüchtende Menschen abschrecken und abwehren. Dieses System ist rechtlich kodifiziert und festgeschrieben. Doch es funktioniert nicht und hat auch noch hie funktioniert. Bevor ein Flüchtling Europa erreicht muss er unzählig viele Grenzen überwinden: scharfe und tödliche Grenzkontrollen, Visasperren und die strengen europäischen Rechtsregelungen. Flüchtlinge waren Fremde als sie kamen und sie bleiben Fremde. Vor allem aber bleiben sie illegale Menschen.

Innerhalb der Europäischen Union gibt es zwar die Genfer Flüchtlingskonvention als verbindliche Maßgabe zum Flüchtlingsschutz, doch ob und wie diese ausgelegt und umgesetzt wird, bleibt den jeweiligen Staaten überlassen.

Es gibt keine gemeinsame Praxis im Bereich des Flüchtlingsschutzes. Stattdessen bleibt es jedem Staat überlassen, wen er als würdig anerkennt Asyl und Schutz zu erhalten und wen nicht. Die einzige gemeinsame europäische Zusammenarbeit existiert im Bereich der Flüchtlingsabwehr durch die Grenzschutzagentur „FRONTEX".

Betrachtet man die europäischen gesetzlichen Regelungen zum Thema „Asyl und Flüchtlinge", so zeigt sich, dass diese wie Einbrecher behandelt und kriminalisiert werden. Diese versuchen in die Festung Europa, und damit in das vermeintliche Paradies, einzubrechen.

Die gesetzlichen Konstruktionen sorgen dafür, dass Menschen, welche nach Europa geflüchtet sind, als die künstliche Gruppe von „Flüchtlingen" konstruiert wird. Diese soziale Gruppe wird dann zur Projektionsfläche von Hass und Ablehnung und dient als Vorwand um bestehende Herrschafts- und Machtverhältnisse zu etablieren und aufrecht zu erhalten.

<u>Zur praktischen Umsetzbarkeit</u>

Zur praktischen und juristischen Durchsetzung der Menschenrechte, bedarf es nationaler Regeln (vgl. Marx 1984, S. 147).

> „Der materiell-rechtliche Gehalt der allgemeinen Menschenrechte kann aber juristisch nicht

dadurch umgesetzt werden, dass rechtsdogmatisch an den Staatsangehörigkeitsbegriff ange-
knüpft wird. Vielmehr ist rechtsdogmatisch an einen Menschenrechtsbegriff anzusetzen, welcher
der internationalen Dimension der allgemeinen
Menschenrechte auch juristisch gerecht werden
kann." (Marx 1984, S. 147)

Das Ausländerrecht wird traditionell dem Ordnungs- und
Sicherheitsrecht zugeordnet. Dabei ist nicht nur geregelt,
unter welchen Umständen der/die AusländerIn einreisen
und sich hier aufhalten darf und welche wirtschaftlichen
und sozialen Rechte ihm/ihr dabei zugestanden wird. Vor
allem legt es fest, wann ein/e AusländerIn wegen einer Gefahr, die von ihm/ihr ausgeht, entweder nicht einreisen darf
oder wieder ausreisen muss. Gleichzeitig finden sich viele
Bestimmungen, die festlegen, welche Personengruppen
überhaupt einen Anspruch auf Schutz und Aufenthalt in
Europa haben. (vgl. Frings/Tießler-Marenda 2009, S.14)

<u>Exkurs: Etikettierungsperspektive</u>

In der Benennung der Welt wird gesellschaftlich ein Voka-
bular zur Kategorisierung und Einteilung von Menschen
produziert. Diese Begrifflichkeiten werden den Menschen
als sogenannte Etikette zugeschrieben. Zugeschriebene
und/oder existierende Merkmale von Menschen, werden

mit Eigenschaften versehen und dieses entstandene künstliche Konstrukt wird wiederum bewertet. Der Mensch als Subjekt wird so durch die Etikettierung verdinglicht (durch eine möglichst starre Identitätskonstruktion zum Objekt degradiert). Das zugeschriebene „Etikett" wird anschließend zum „abweichenden Verhalten" erklärt. Durch Bezugnahme auf „abweichendes Verhalten" lassen sich dann bestimmte Normalitäts- und/oder Ordnungsverhältnisse begründen, welche angeblich mithilfe von Regeln durchgesetzt werden müssen. Menschen werden aufgrund ihrer zugeschriebenen Abweichungen abgewertet. Die Etikettierungs-Perspektive als eine Sichtweise der gesellschaftlichen Verhältnisse, dient gleichermaßen der Dekonstruktion solcher, durch Zuschreibungen entstandenen, sozialen Wirklichkeiten als auch der Kritik an bestehenden Macht- und Herrschaftsverhältnissen, welche Diskriminierung dulden. Durch die Frage „Wer sagt was über wen zu welchem Zweck? (und mit welchen Folgen?)" werden Scheinkausalitäten aufgedeckt und vorherrschende bio-psycho-sozio-kulturelle (Etikettierungs-)Konstruktionen sowie darauf begründete Ordnungsstrukturen können neu gedacht und entwickelt werden. Die Etikettierungs-Perspektive übernimmt somit eine Korrektiv-Funktion. Sie kann einer kritischen Sichtweise als Reflexion dienen, um

Diskriminierung und Verdinglichung durch bio-psycho-sozio-kulturelle Deutungsmuster, sowie davon abgeleitete Herrschaftsausübung, zu hinterfragen und so die Fokussierung eines Diskurses von den „persönlichen Defiziten" auf die „strukturellen Verhältnisse" zu lenken. Die Etikettierungs-Perspektive führt zu einem Diskurs, in welchem angestrebt wird, Machtasymmetrien abzubauen und im Dialog soziale Wirklichkeit wieder gemeinsam benennen und gestalten zu können. Ein Beispiel hierfür ist das Etikett „Flüchtling". Alternativ kann man ja auch sagen, dass es Menschen sind, welche unfreiwillig ihren festen Wohnort und Lebensmittelpunkt wechseln müssen. Das wirft gleich ein anderes Licht auf diese Gruppe von Menschen, als wenn man von „Flüchtlingen", „Asylanten" oder „Asylbewerbern" spricht.

Für die Flüchtlinge bedeutet dies nun ein Leben in ständiger Unsicherheit. Sie haben Angst davor, aufgrund gesetzlicher Bestimmungen, in ein anderes EU-Land abgeschoben zu werden (Dublin-III Verordnung). Ihr Leben ist weiterhin ständig in Gefahr – erst in ihrem Heimatland und nun auch noch dort, wo sie Asyl beantragt haben. Oftmals wird ihnen lange Zeit nicht zugesichert, nicht wieder abgeschoben zu werden. Stattdessen müssen sie zum Teil jede Woche erneut zur Ausländerbehörde und dort ihre Bescheinigung verlängern lassen – jedes Mal aufs Neue mit der Angst ob es wohl klappen wird. Ihre Zukunft ist vor dem Hintergrund dieses ungesicherten Aufenthaltes nicht planbar und die Ungewissheit macht oftmals krank und depressiv.

Einmal in einem EU-Land angekommen, stehen die Flüchtlinge vor weiteren Hürden. Sie leiden vor allem an den Folgen der Auseinandersetzung unter den Mitgliedsländern um die Zuständigkeit für ihre Asylverfahren. Durch das Dublin II-Abkommen bzw. Dublin-III-Abkommen wird die Zuständigkeit für die Unterbringung und Durchführung der Asylverfahren auf das Land der ersten Ankunft, also in aller Regel auf die südlichen Länder (Griechenland, Italien, Malta) abgewälzt. Diese sind jedoch nicht in der Lage, den Flüchtlingen menschenwürdige Lebensbedingungen und zügige Asylverfahren zu gewährleisten. Ihr Leben ist in ständiger Gefahr – erst in ihrem Herkunftsland, dann aber auch in den Ländern, wo sie Asyl beantragen, denn niemand garantiert ihnen, dass sie nicht wieder abgeschoben werden. Die Angst vor der möglichen Abschiebung prägt ihren Alltag.

5. Konflikttheoretische Ansätze und die Soziale-Probleme-Perspektive – Zur Analyse des Flüchtlingsproblems

Der Konflikt um Flüchtlinge ist ein Konflikt um Macht und Machtverhältnisse - Wer entscheidet wer bleiben darf und wer wieder gehen muss? Welcher Flüchtling bzw. welcher Mensch ist es „wert" in Europa zu bleiben? Die vermeintlichen Konflikte sind normale zwischenmenschliche Konflikte um Kultur, Habitus und Lebensweise. Das Stigma bzw. Etikett "Flüchtling" ist nur Vorwand um eine Machtebene von drinnen und draußen zu kreieren.

5.1 Grundlegende Modelle von Gesellschaft

Zunächst einmal werden nachfolgend zwei grundlegende Modelle von der Gesellschaft dargestellt und erläutert.

Im Rahmen von Ordnungstheorien wird die Gesellschaft primär unter dem Gesichtspunkt der Herstellung und Aufrechterhaltung von Ordnung in den Blick genommen. Das Ordnungswissen wird generiert und zu Herrschaftszwecken angewendet. Zum anderen sind theoretische Betrachtungen zu nennen, welche den Fokus auf die Befreiung, also die Überwindung bzw. Minimierung von Herrschaft legen. Hiermit verbunden ist die Produktion einer

„widerständigen, herrschenden Ordnung relativierenden und unterminimierenden Befreiungs-Wissens zum Gegenstand gesellschaftstheoretischer Reflexion" (vgl. Anhorn & Stehr 2012, S. 58).

<u>1. Ordnungstheorien (kurzer Abriss)</u>

Die zentralen Ordnungstheorien gehen davon aus, dass der Mensch nicht aus sich selbst heraus Mensch ist und somit nicht automatisch gesellschaftsfähig. Stattdessen muss er erst gezähmt oder veredelt werden, sodass Zusammenleben überhaupt möglich ist. Als theoretisches Beispiel ist hier der sog. „Leviathan" von Thomas Hobbes zu nennen, welcher einen Kampf aller gegen alle impliziert. Erst durch einen Gesellschaftsvertrag lassen sich soziale Konstellationen konstruieren, sodass ein dauerhafter Zustand der Ordnung, der Stabilität, der Berechenbarkeit und der Friedfertigkeit erreicht werden kann (vgl. ebd.).

> „In eine Art Tauschhandel (Gesellschaftsvertrag) wird die ungebundene, 'natürliche' Freiheit der Einzelnen durch die konsensuelle Etablierung einer zentralen Ordnungsmacht – eines Souveräns – beschnitten und in die 'zivilisierende' politische Struktur eines Gewaltmonopols überführt, das herrschaftliche Beschränkungen mit dem dauerhaften Versprechen von Sicherheit, Frieden und

(bedingter) Freiheit für alle Mitglieder der Gesellschaft verbindet." (ebd.)

Die Aufgabe des Souveräns ist es nun mit den Rechten und Mitteln der legitimen Gewaltanwendung in Form des staatlichen Zwangsapparats, die Gefahr des Rückfalls in Unordnung und Chaos, durch innere oder äußere Bedrohungen, abzuwenden. Damit gehen die Ordnungstheorien von einem Akt der Unterwerfung als einen Akt der Befreiung aus, sodass mittels einer legitimen guten Herrschaft, individuelles und kollektives Glück, Wohlstand, Freiheit etc. möglich wird (vgl. Anhorn und Stehr 2012, S. 58f.).

2. Befreiungstheorien (kurzer Abriss)

Eine befreiungstheoretische Perspektive geht hingegen von Herrschaft als Grundsachverhalt von Gesellschaft aus. Die Gesellschaft ist herrschaftlich strukturiert und geordnet gedacht. Damit ist die herrschaftliche Verfassung einer Gesellschaft ist grundlegender sozialer Tatbestand, welcher ein individuelles und kollektives Glück, Freiheit, Selbstbestimmung etc. nicht nur nicht ermöglicht, sondern systematisch verhindert (vgl. ebd.). Dem folgend wird „Befreiung als Kritik und Überwindung bzw. Minimierung von Herrschaft zur Aufgabe einer befreiungstheoretisch begründeten Auseinandersetzung mit Gesellschaft." (ebd.)

3. Konsenstheorien (kurzer Abriss)

Vertreter sind u.a. Émile Durkheim. Diese Theoretiker begreifen die Gesellschaft als ein integriertes Ganzes, welches sich über geordnete, arbeitsteilige Kooperationsverhältnisse und ein homogenes Zusammenwirken seiner interdependenten Einheiten erst herstellt. Jedes einzelne (Struktur- und Funktions-)Element erbringt seinen funktional und hierarchisch geordneten Beitrag zur Bestandserhaltung und Leistungsfähigkeit der Gesellschaft. Aus konsenstheoretischer Perspektive wird auf die gemeinsam geteilten Werte und Normen, d.h. die Unterstellung eines grundsätzlichen gesellschaftlichen Werte- und Normen-Konsens, verwiesen. Dieser transzendiert nicht nur die egoistischen Motive individueller Interessenkalküle, sondern erzeugt auch eine grundsätzliche Akzeptanz der gesellschaftlichen (Herrschafts-)Ordnung und ihrer Reproduktionsmechanismen.

Aus widerstreitenden Interessenlagen und daraus resultierenden Konfliktverhältnissen wird ein übergeordnetes, alle Einzelinteressen übersteigendes, gesellschaftliches Ganzes. Aus Widersprüchen und Uneindeutigkeiten von Werten und Normen wird eine von allen geteilte homogene Werte- und Normenwelt. Aus sozialen Kämpfen um den Zugang und die Aneignung von gesellschaftlichen Ressourcen werden pathologische Fälle und Normabweichungen sowie

Störungen des natürlichen Gleichgewichts der guten Ordnung. Diese gilt es nun wiederum abzuwehren, zu bekämpfen und zukünftig und präventiv zu verhindern

Nach Durkheim sind soziale Spaltungen und Konflikte das Ergebnis eines Zusammenbruchs des sozialen Zusammenhalts, der moralischen Integrationskräfte einer kollektiv geteilten Werte- und Normenwelt, der schwindenden sozialen Bindungskräfte (in den Paar-, Familien-, Nachbarschaftsbeziehungen etc.) dar.

4. Drinnen-oder-Draußen-Modell (kurzer Abriss)

Es wird ein Bild entworfen, deren zentrales Strukturmerkmal in den horizontalen Spaltungen zwischen der integrierten Mehrheit (gesellschaftliches Zentrum) und einer ausgeschlossenen Minderheit (den gesellschaftlichen Randzonen, der Peripherie), zwischen den getrennten Welten eines gesellschaftlichen „Drinnen" und eines abgespaltenen „Außen" besteht.

In diesem Fall sind die Flüchtlinge die „Außengruppe" und stehen der europäischen gesellschaftlichen Mitte, dem Innen, gegenüber. Das „Innen" der Gesellschaft wird dabei als weitgehend geordnet, homogen und auf Konsens basierend konzipiert. Das „Außen" ist ein Ort und eine Quelle der Unordnung, der Störung, der Desintegration, der Pathologie und letztlich eine Bedrohung des „Innen". Dieses

Szenario des „Drinnen-und-Draußen-Modells" wird hergestellt über die diskursiven Praktiken sozialwissenschaftlicher, massenmedialer und politischer Konstruktionen.

In der Logik der Konsenstheorien legen Ordnungskrisen Korrekturmaßnahmen bzw. Lösungsoptionen nahe, die vorrangig (aber nicht zwangsläufig) auf der Ebene des Individuums und seines Defizitprofils angesiedelt sind._Am Ende stehen moralisierende Vereigenschaftungen und psychologisierende Motivzuschreibungen (z.B. apathisch, arbeitsscheu, integrationsunwillig etc.)

<u>5. Konflikttheorien (kurzer Abriss)</u>

Gesellschaft ist ein Zusammenhang, welcher sich primär über ökonomische, soziale, politische und ideologische Konfliktverhältnisse herstellt. Die vermeintlichen Konflikte sind normale zwischenmenschliche Konflikte um Kultur, Habitus und Lebensweise – Das Stigma "Flüchtling" ist nur Vorwand um eine Machtebene von drinnen und draußen zu kreieren. Dies lenkt den Blick auf die Darstellung und Analyse von gesellschaftlichen Macht- und Herrschaftsverhältnissen. Damit werden hinter den Konfliktverhältnissen spezifische, sozioökonomisch-politisch-ideologisch begründete Interessenlagen sichtbar. Diese sind gleichermaßen Ursache und Ergebnis eines in sich widersprüchlichen und konflikthaften Vergesellschaftungsprozess

Die populistische Politik ist generell dadurch charakterisiert werden kann, dass sie gesellschaftliche Interessenkonflikte verdeckt und stattdessen über Identitätspolitik soziale Gemeinsamkeit und moralischen Konsens behauptet. Diese populistische Politik hat in ihrer autoritären Färbung soziale Ausschließung als Herrschaftsmechanismus verbreitet und als Ressource für die vielfältige Benutzung zur Bearbeitung der Konflikte um gesellschaftliche Positionierungen verfügbar gemacht.

Als ein Resultat dieses Populismus sind im politischen Diskurs neue Kategorisierungen und Etiketten kreiert worden, welche z.T. explizit auf Ausschließung verweisen:

- Überflüssige
- Sozialschmarotzer
- Asylbetrüger
- Wirtschaftsflüchtlinge
- Kriminelle AusländerInnen

5.2 Definitionen von Sozialen Problemen

Ziel dieses Buches ist es zu analysieren und darzustellen, wie die Konstruktion des sozialen Problems „Flüchtlinge" in Europa stattfindet und welche Interessen bzw. Herrschaftsverhältnisse sich dahinter verbergen. Nachfolgend werden die zentralen Definitionsansätze von sozialen Problemen aufgezeigt und dargestellt.

Bei den am meisten verbreiteten Definitionen von sozialen Problemen lassen sich drei Aspekte bzw. Ebenen zur Bestimmung sozialer Probleme ausmachen:

1. Soziale Probleme beziehen sich auf bestimmte konkrete soziale Bedingungen, Strukturen oder Situationen, welcher wiederum als Störung, Widerspruch oder Funktionsproblem der Gesellschaft analysiert werden können.

2. Soziale Probleme werden als solche wahrgenommen, benannt und sozial konstruiert.

3. Die Bestimmung sozialer Probleme beinhaltet die Möglichkeit und die Notwendigkeit von Veränderungen der jeweiligen Situationen sowie die Entwicklung von Gegenmaßnahmen und politischem Geschehen.

(vgl. Groenemeyer 1999, S. 15)

Bei der Frage der Definition von sozialen Problemen zeigt sich, dass mächtige Akteure, individueller oder auch kollektiver Art, ihren Wertvorstellungen und Interessen Gehör verschaffen können. Dabei ist Macht als Kontrolle über die zentralen Ressourcen einer Gesellschaft zu verstehen (vgl. Harbach 2008, S. 53).

> „Je mächtiger ein Individuum (oder eine Koalition von Individuen) ist, desto erfolgreicher wird es (sie) sein, soziale Probleme so zu definieren, dass die etwaige Lösung des Problems zum eigenen Vorteil gereicht und die Schuld am Entstehen des unerwünschten Sachverhalts nicht bei den Definierern selbst zu suchen ist, sondern zum Teil mindestens bei den Betroffenen/Opfern selbst. Die häufig in den Definitionen eingeschlossenen Lösungsvorschläge vermeiden meist die Thematisierung struktureller Änderungen, die einen eigenen Machtverlust bedeuten würden." (Harbach 2008, S. 53)

Weiterhin lässt sich sage, dass soziale Probleme im Kontext gesellschaftstheoretischer Perspektiven nicht nur deutliche Indikatoren für gesellschaftliche Fehlentwicklungen und Krisen waren bzw. sind, sondern auch die zentralen

Funktionsprinzipien gesellschaftlicher Beziehungen und Strukturen offenbaren (vgl. Groenemeyer 1999, S. 13). Harbach definiert soziale Probleme anhand von 4 Merkmalen:

1. Soziale Probleme sind natürliche und kulturelle Sachverhalte

   „Ob es sich bei deinem sozialen Problem um ein Unglück oder um eine Ungerechtigkeit handelt, hängt demnach von dem jeweiligen Wissensstand in einer Gesellschaft ab. [...] Ein Unterschied könnte z.B. der sein: Ungerechtigkeit ist sinnstiftend, Unglück aber nicht; deshalb versuchen Definierer von sozialen Problemen (wenn sie bestimmte legitime Interessen wahrnehmen) in manchen Fällen eine Ungerechtigkeit als Unglück erscheinen zu lassen." (Harbach 2008, S. 52)

2. Soziale Probleme werden von mächtigen Einzelpersonen, Gruppen oder Organisationen als solche definiert:

   „Die Definition von sozialen Problemen hat mit anderen sozialen Handlungen gemeinsam, dass mächtige Akteure (individueller oder kollektiver Art) ihren Wertvorstellungen und Interessen eher Gehör verschaffen können als dies für weniger mächtige der Fall ist. Macht soll hier verstanden werden als Kontrolle über die zentralen Ressourcen einer Gesellschaft (die Mittel der Kommunikation eingeschlossen). Je mächtiger ein Individuum (oder eine Koalition von Individuen) ist, desto erfolgreicher wird es (sie) sein, soziale Probleme so zu definieren, dass die etwaige Lösung des Problems zum eigenen Vorteil gereicht und die Schuld am Entstehen des unerwünschten Sachverhalts nicht bei den Definierern selbst zu suchen ist, sondern zum Teil mindestens bei den Betroffenen/Opfern selbst. Die häufig in den Definitionen eingeschlossenen Lösungsvorschläge vermeiden meist die Thematisierung struktureller Änderungen, die einen eigenen Machtverlust bedeuten würden." (Harbach 2008, S. 53)

Harbach führt weiter aus, dass für die Konstruktion eines sozialen Problems wichtig ist, ob und inwieweit es gelingt, private Probleme (private troubles) in öffentliche Belange (public issues) zu transformieren. Dies ist insbesondere wichtig für die Motivation der Teilnahme an sozialen Bewegungen. Stehen in diesem Sinne rigide Werthaltungen und dogmatische moralische Überzeugen (v.a. religiösen Ursprungs) einer solchen Umdefinition entgegen bzw. fehlen die entsprechenden Deutungsmuster für den Sachverhalt, so behindert dies die Karriere des Problems. Die einzelnen Etappen kann man so zusammenfassen kann: Aufmerksamkeit – Ausbildung einer Politik – Reform (vgl. Harbach 2008, S. 55)

3. Soziale Probleme sind unerwünschte Sachverhalte

„Soziale Probleme enthalten immer auch ein Moment der Enttäuschung von Erwartungen, der Frustration, der relativen Deprivation in Form negativer Sanktionen. Im direkten Vergleich mit anderen Personen (oder indirekt mit Bezugsgruppen) werden – zunächst auf der Basis von

Alltagswissen – bestimmte Sachverhalte als unangemessen und unerwünscht bezeichnet. […] Ein soziales Problem entsteht so (fast wie von selbst), wenn subjektive Betroffenheit (private troubles) zu öffentlichen Belangen (public issues) transformiert und aggregiert werden. Diese können dann unter günstigen Bedingungen zu claims-making-activities werden (z.B. in Form von Beschwerden, Protesten und (sozial)politischen Forderungen)." (Harbach 2008, S. 59)

Des Weiteren beziehen sich viele dieser problematischen, unerwünschten Sachverhalte beziehen auf irgendwelche Ungleichheiten, welche von den kollektiven Definierern negativ ausgezeichnet werden, z.B. als ungerecht. Dabei bezieht sich diese Definitionsmacht nicht nur auf die Durchsetzungsfähigkeit bei öffentlichen politischen Auseinandersetzungen, sondern auch auf subtilere Diskursstrategien, durch welche bestimmte Weltsicht als richtig, legitim – oder eben auch als gerecht vermittelt werden (vgl. Harbach 2008, S. 59).

4. Soziale Probleme sind änderbare Sachverhalte

„In der Soziologie sozialer Probleme wird ein unerwünschter Sachverhalt erst zu einem Problem, wenn die kollektiven Definierer glauben, dass der entsprechende natürliche und kulturelle Tatbestand änderbar ist, meist in der Erwartung eines eigenen Nutzens. Hungersnöte, Überschwemmungen, Krieg und Völkermord sind demnach keine 'sozialen' Probleme, wenn sie als naturgegeben, gottgewollt oder schicksalshaft, eben als unvermeidlich und nicht änderbar angesehen werden [...]." (Harbach 2008, S. 64)

Weiterhin schaffen soziale Differenzierungsprozesse nicht nur neue soziale Rollen und neue soziale Institutionen, sondern sie erzeugen auch Ungleichgewichte zwischen den überkommenen Machtgruppen der Gesellschaft, welche nicht selten hierdurch einen Legitimationsverlust ihres sozialen Status' erleiden. Für gewisse TheoretikerInnen der Soziologie bilden genau diese Machtkonflikte von den wichtigen gesellschaftlichen Gruppen einen theoretisch fruchtbaren Zugang zum Verständnis der sozialen

Wandlungsprozesse und den mit ihnen verbunde-
nen sozialen Probleme (vgl. Harbach 2008, S. 67).

5.3 Abgrenzung zu problemorientierten Ansätzen

Die problemorientierten Ansätze stellen in der Soziologie den Gegensatz zu den kritischen Ansätzen dar. In den problemorientierten Ansätzen der Soziologie werden soziale Probleme nicht hinterfragt, sondern als fest und starr begriffen. Damit sind sie objektivistisch ausgerichtet und folgen dem Funktionalismus. Zwei der bekanntesten Vertreter sind Emile Durkheim und Talcott Parsons. In diesem Ansatz wird die Gesellschaft als grundlegend geordnet und somit in Ordnung begriffen. Störungen lassen sich leicht identifizieren, da sie von der natürlichen Ordnung der Gesellschaft abweichen. Diese Ordnungstheorien gehen davon aus, dass die Gesellschaft primär unter dem Aspekt der Herstellung und Aufrechterhaltung von Ordnung in den Blick genommen werden muss. Zu diesem Zweck wird Ordnungswissen generiert und zu Herrschaftszwecken angewendet. Die Gesellschaft ist ein Ordnungszusammenhang und der Konsens ist die Basis des gesellschaftlichen Handelns.

Die objektivistische Problemsoziologie behauptet, Problemlagen erkenne man daran, dass es eine Diskrepanz zwischen der Werteordnung und der objektiv konstatierbaren Lebenslage gibt, also der „Soll-Zustand" nicht dem „Ist-

Zustand" entspricht. Im Kern geht es um die Frage nach abweichendem Verhalten im Gegensatz zum Werte- und Normenkonsens der Gesellschaft.

Mit diesem Ansatz wird davon ausgegangen, dass der Mensch nicht aus sich selbst heraus in der Lage ist Mensch und somit gesellschaftsfähig zu sein. Stattdessen muss der Mensch, im Sinne von Thomas Hobbes, zuerst gezähmt oder veredelt werden, damit ein gesellschaftliches Zusammenleben möglich wird.

In diesen Zusammenhang ist auch die Systemtheorie anzusiedeln, da auch sie soziale Probleme als Gegenstand der Sozialen Arbeit versteht und unreflektiert bearbeitet, da kein Interesse an einem gesellschaftskritischen Blick besteht. Stattdessen geht es um die Ursachenzuschreibung und um den Erhalt der gesellschaftlichen Normalität, ohne eine Macht- und Herrschaftsanalyse.

Ziel ist eine Normalisierungsarbeit mit den KlientInnen durchzuführen, also die KlientInnen wieder in die Norm zu bringen. Damit entpolitisieren diese problemorientierten Ansätze, weil sie die Ursachen bei den Individuen suchen. Dabei gerät aus dem Fokus, welche Konfliktverhältnisse in der Gesellschaft herrschen und welche Akteure hier aktiv sind.

Genau diesen Ansatz verfolgen die konfliktorientierten Ansätze, da sie dem Konstruktivismus und bspw. dem symbolischen Interaktionismus von Spector und Kitsue, zuzurechnen sind. In diesen soziologischen Ansätzen wird die Gesellschaft als von Konflikten durchdrungen begriffen und somit sind die konflikttheoretischen Ansätze als Gesellschaftskritik zu verstehen. Dabei handelt es sich zumeist um Konflikte zwischen Subjekten und Institutionen, wobei den Subjekten an einer Emanzipation gelegen ist. Die Auseinandersetzungen und Konflikte stehen also im Fokus, da die Gesellschaft von unterschiedlichen Interessen geprägt ist. Zentral geht es dabei um den Kampf der Definitionsmacht.

Problemlagen werden aus der Gesellschaft heraus durch Diskurse definiert und nicht durch vermeintlich objektive Erhebungsverfahren. Theoretisch prägend ist in diesem Zusammenhang der symbolische Interaktionismus.

Das Ziel der konflikttheoretischen Ansätze, mit welchem auch nachfolgend in diesem Buch gearbeitet wird, ist es die Konflikte innerhalb der Gesellschaft zu benennen und darüber sichtbar zu machen, also die Konflikte wieder zu „vergesellschaften". Zu diesem Zweck muss in der Gesellschaft an den bestehenden Ungleichheiten, den Konflikten zwischen den Subjekten und den Institutionen sowie den bestehenden Machtverhältnissen, welche Ausschluss produzieren, gearbeitet werden.

5.4 Konsenstheorien, Konflikttheorien und Subjektorientierung

<u>Grundlagen der Konsenstheorien</u>

Der bekannteste Vertreter der Konsenstheorien ist der französische Soziologe Émile Durkheim. Im Rahmen der Konsenstheorien wird die Gesellschaft als ein integriertes Ganzes begriffen, welches sich über geordnete, arbeitsteilige Kooperationsverhältnisse und ein homogenes Zusammenwirken seiner interdependenten Einheiten erst herstellt. Jedes einzelne (Struktur- und Funktions-)Element erbringt seinen funktional und hierarchisch geordneten Beitrag zur Bestandserhaltung und Leistungsfähigkeit der Gesellschaft. Bei der Frage was die Gesellschaft zusammenhält, wird aus konsenstheoretischer Perspektive auf die gemeinsam geteilten Werte und Normen, d.h. die Unterstellung eines grundsätzlichen gesellschaftlichen Werte- und Normen-Konsens, verwiesen. Dieser transzendiert nicht nur die egoistischen Motive individueller Interessenkalküle, sondern erzeugt auch eine grundsätzliche Akzeptanz der gesellschaftlichen (Herrschafts-)Ordnung und ihrer

Reproduktionsmechanismen (vgl. ebd. S. 60). Dies lässt sich als den Prozess der Vergesellschaftung beschreiben und definieren.

In der Folge wird nun aus widerstreitenden Interessenlagen, und daraus resultierenden Konfliktverhältnissen, ein übergeordnetes, alle Einzelinteressen übersteigendes gesellschaftliches Ganzes. Aus Widersprüchen und Uneindeutigkeiten von Werten und Normen wird eine von allen geteilte homogene Werte- und Normenwelt und aus sozialen Kämpfen um den Zugang und die Aneignung von gesellschaftlichen Ressourcen werden pathologische Fälle und Normabweichungen sowie Störungen des natürlichen Gleichgewichts der guten Ordnung. Diese gilt es abzuwehren, zu bekämpfen und zukünftig und präventiv zu verhindern (vgl. ebd.)

Nach Durkheim sind soziale Spaltungen und Konflikte das Ergebnis eines Zusammenbruchs des sozialen Zusammenhalts, der moralischen Integrationskräfte einer kollektiv geteilten Werte- und Normenwelt, der schwindenden sozialen Bindungskräfte (in den Paar-, Familien-, Nachbarschaftsbeziehungen etc.) dar (vgl. ebd. S. 61).

Damit begründet Durkheim sein Modell einer gespaltenen Gesellschaft und führt aus, dass das zentrale Strukturmerkmal in den sog. horizontalen Spaltungen, also zwischen der integrierten Mehrheit, dem gesellschaftlichen Zentrum, und einer ausgeschlossenen Minderheit, also den gesellschaftlichen Randzonen besteht. Damit ergibt sich die Spaltung zwischen den getrennten Welten eines gesellschaftlichen „Drinnen" und eines abgespaltenen „Außen" (vgl. ebd.).

Bezieht man diese Sichtweise der Gesellschaft auf das Flüchtlingsproblem, so ergibt sich, dass die Flüchtlinge die „Außengruppe" sind und somit stehen sie der europäischen gesellschaftlichen Mitte, dem Innen, gegenüber. Dieses „Innen" der Gesellschaft wird dabei als weitgehend geordnet, homogen und auf Konsens basierend konzipiert. Wohingegen das „Außen" ein Ort und eine Quelle der Unordnung, der Störung, der Desintegration, der Pathologie und letztlich eine Bedrohung des „Innen" ist. Dieses Szenario des „Drinnen-und-Draußen-Modells" wird hergestellt über die diskursiven Praktiken sozialwissenschaftlicher, massenmedialer und politischer Konstruktionen (vgl. ebd. S. 61f.). In der Logik der Konsenstheorien legen nun Ordnungskrisen, Korrekturmaßnahmen bzw. Lösungsoptionen nahe, die vorrangig (aber nicht zwangsläufig) auf der Ebene des Individuums und seines Defizitprofils angesiedelt sind. Am Ende stehen moralisierende Vereigenschaftungen und psychologisierende Motivzuschreibungen (z.B. apathisch, arbeitsscheu, integrationsunwillig etc.).

Auf das Flüchtlingsproblem bezogen bedeutet dies, dass davon ausgegangen wird, dass sich genau festlegen lässt wer zugehörig ist und wer nicht. Ebenso lassen sich vermeintlich objektive Kritierien festlegen, nach welchen eine Person als schutzbedürftig eingestuft werden kann. Dies geschieht vor allem durch die juristischen Regelungen und Gesetze.

<u>Konflikttheorien</u>

Im Rahmen von Konflikttheorien wird die Gesellschaft als ein Zusammenhang begriffen und verstanden, welcher sich primär über ökonomische, soziale, politische und ideologische Konfliktverhältnisse herstellt. Hierdurch wird der Blick auf die gesellschaftlichen Macht- und Herrschaftsverhältnisse gelenkt, sowie auf die darin ausgetragenen Auseinandersetzungen und Kämpfe (vgl. Anhorn & Stehr 2012, S. 59).

> „Damit werden hinter den Konfliktverhältnissen spezifisch – sozioökonomische-politisch-ideologisch begründete – Interessenlage sichtbar, die gleichermaßen Ursache wie Ergebnis eines in sich widersprüchlichen und konflikthaften Vergesellschaftungsprozesses sind." (ebd.)

Damit werden Interessenskonflikten zum zentralen Element der Vergesellschaftung und ermöglichen damit die Analyse, wie sich aus Konflikten, Widersprüchen und Konflikten heraus eine hegemoniale gesellschaftliche Ordnung konstruiert und konstituiert, sodass Ungleichheits- und Ausschließungsverhältnisse in den sozial abgestuften Zugängen zu Macht- und Herrschaftsressourcen, bestimmend werden (vgl. ebd.).

Aus Sicht der Konflikttheorie sind soziale Spaltungen ein konstitutiver Bestandteil einer herrschaftlich verfassten kapitalistischen Ordnung und Gesellschaft (vgl. Anhorn & Stehr 2012, S. 61).

Auf das Flüchtlingsproblem bezogen bedeutet dies, dass das vermeintliche Flüchtlingsproblem sich als normale zwischenmenschliche Konflikte um Kultur, Habitus und Lebensweise dekonstruieren lässt. Das Stigma bzw. Etikett "Flüchtling" ist nur Vorwand, um eine Machtebene von Drinnen und Draußen zu kreieren.

Die Perspektive der Konflikttheorien lenkt den Blick auf die Darstellung und Analyse von gesellschaftlichen Macht- und Herrschaftsverhältnissen. Damit werden hinter den Konfliktverhältnissen spezifische, sozioökonomisch-politisch-ideologisch begründete Interessenlagen sichtbar. Diese sind gleichermaßen Ursache und Ergebnis eines in sich widersprüchlichen und konflikthaften Vergesellschaftungsprozess. Die populistische Politik ist generell dadurch charakterisiert, dass sie gesellschaftliche Interessenkonflikte verdeckt und sich stattdessen über Identitätspolitik soziale Gemeinsamkeit und moralischen Konsens erschließt und darstellt. Diese populistische Politik hat durch ihre autoritäre Färbung wiederum soziale Ausschließung als Herrschaftsmechanismus verbreitet und als Ressource für die vielfältige Benutzung zur Bearbeitung der Konflikte um gesellschaftliche Positionierungen verfügbar gemacht (vgl. Anhorn & Stehr 2012, S. 67f.).

Bezieht man dies auf das Flüchtlingsproblem in Europa, so zeigt sich, dass im politischen Diskurs neue Kategorisierungen und Etiketten kreiert worden sind, welche z.T. explizit auf Ausschließung verweisen:

- ➜ Überflüssige
- ➜ Sozialschmarotzer
- ➜ Asylbetrüger
- ➜ Wirtschaftsflüchtlinge
- ➜ Kriminelle Ausländer

Abschließend lässt sich soziale Ausschließung zusammenfassen als schwierige Lebenssituation für die Betroffenen.

<u>Subjektorientierung</u>

Die Subjektorientierung unterscheidet sich elementar von einer ätiologischen, merkmalszuschreibenden „Problemgruppenperspektive".

Es gilt die Eigenaktivitäten und Eigensinnigkeiten der Subjekte als Bearbeitungen von gesellschaftlichen/institutionellen Ausschließungen und damit als Konflikte um gesellschaftliche Positionierungen herauszuarbeiten. Das Einnehmen der Subjektperspektive macht es notwendig, gesellschaftliche Situationen als Konfliktverhältnisse sichtbar werden zu lassen, in welchen widersprüchliche Anforderungen existieren, die auf sehr verschiedene und sich teils überlappende Dimensionen sozialer Ungleichheit verweisen. Weitere Ausführungen hierzu finden sich im späteren Verlauf dieser Arbeit.

5.5 Konflikttheoretische Ansätze

Ein zentraler Aspekt eines sozialen Konflikts ist die Beteiligung von mindestens zwei Konfliktparteien (bspw. Einzelpersonen, Gruppen etc.), welche unterschiedliche Interessenskonstellationen besitzen (vgl. Bonacke/ Imbusch 2010, 69).

Einen weiteren Aspekt stellt das Vorhandensein von Ressourcen dar, welche sich verschiedenartig zuordnen lassen. Der gemeinsame Fokus der Konfliktparteien stellt zugleich den zentralen Gegenstand des Konflikts dar (vgl. Rössel 2008, 420ff.).

Konfliktperspektive

Bei der Konfliktperspektive wird davon ausgegangen, dass konflikthafte Momente alltäglich sind und sich in vielen verschiedenen Facetten zeigen können. Die Gesellschaft wird als von Konflikten durchdrungen und durchzogen begriffen.

Die Konfliktperspektive unterscheidet verschiedene Ebenen der Konfliktwahrnehmung: (vgl. Rössel, 2008, S. 429ff.)

1. Perspektive des Konfliktes,
2. Gegenstand des Konfliktes,
3. Ressource(n) innerhalb des Konfliktes,

4.   Bearbeitungsstrategie(n) innerhalb des Konfliktes

5.   Ergebnis(se) des Konfliktes.

Die Konfliktperspektive stellt die Darstellungsrichtung der konflikthaften Situation dar. Hierbei kann die schildernde Person den Konflikt selbst erlebt, oder eine Konfliktsituation anderer, wahrgenommen haben.

Der Gegenstand bezeichnet das Motiv eines Konfliktes, den sog. tieferen Sinn und damit das Zentrum des Konflikts auf der Sachebene. Im Verlauf des Konfliktes sind die Gegenstände wandelbar und können sich verändern bzw. auch modifiziert werden. Je nach Art der Schilderung der Konfliktsituation, kann der Konfliktgegenstand in ein und demselben Konflikt von verschiedenen Akteuren unterschiedlich definiert werden. Rössel (2008) geht davon aus, dass in jeder Interaktion, somit auch in jedem sozialen Konflikt, ein sog. „gemeinsamer Fokus" existierte (vgl. Rössel, 2008, S. 429).

Der zweite wichtige Aspekt sind die Ressourcen. Als Ressourcen bezeichnen Hanak, Stehr und Steinert, die Mittel, welche man gebrauchen kann oder braucht, um ein bestimmtes Problem zu bewältigen und zu lösen (vgl. Hanak, Stehr und Steinert 1989, S. 167).

Die Ressourcen innerhalb eines Konfliktes können sowohl Individuen, Gruppen, Netzwerke, Bewegungen, Organisationen und staatliche Instanzen, als auch bestimmte Verhaltensmuster (bspw. Verhandlungsgeschick) sein. Man kann innerhalb eines Konfliktes selbst die Ressource sein, aber auch Dritte als Ressource hinzuziehen. Es lassen sich drei Gruppen universeller Ressourcen, also Ressourcen, die bei fast allen Konfliktsituationen einsetzbar sind, in der Literatur erkennen:

1. Unterstützung durch Verbündete und Rückgriff auf eine andere Instanz (Anwälte, Polizei etc.)

2. Kommunikative Kompetenzen (Eloquenz, Schlagfertigkeit, Selbstsicherheit, cool-bleiben)

3. Soziale Kompetenzen (Erfahrung mit analogen Situationen, Informiertheit, Übersicht über die jeweilige Situation) (vgl. ebd. S. 171f).

Dabei spielen die Ressourcen eine wesentliche Rolle bei der Entwicklung bzw. Entstehung eines Konfliktes. Durch fehlende oder den Mangel an Ressourcen entstehen häufig Konflikte, da oft Ressourcen zur Konfliktvermeidung fehlen, aber ebenso Konflikte aufgrund fehlender Ressourcen gemieden werden.

Als Nächstes sind die Bewältigungsstrategien zu nennen. Diese sind die Handlungen und Methoden, welche durch- und ausgeführt werden, um das Problem zu lösen. Die Strategien sind häufig von den jeweils verfügbaren und tatsächlich genutzten Ressourcen abhängig.

Auf soziologischer Ebene beschreiben Hanak et al., nach Nader/Todd (1987) drei Kategorien vom Umgang mit Konflikten:

1. Die Vermeidung. Hier gibt die „geschädigte" Konfliktpartei nach und beschäftigt sich nicht mehr weiter mit dem Konflikt.

2. Die dyadische Konfliktaustragung, bei der zwei entgegengelegene Pole mitspielen: der rationale Diskurs, der eine Übereinkunft sucht, einen Kompromiss bzw. das „Aushandeln einer für beide Seiten befriedigende Regelung" (ebd. S. 23) und der Verarbeitung des Konfliktes die auf einen „Angriff", etwa durch Drohung und Einschüchterung beruht.

3. Die Mobilisierung Dritter: Dabei wird auf Hilfe von Freunden und Spezialisten als Vermittler und Schlichter gesetzt. (vgl. ebd. S. 24ff.)

Diese Kategorien stellen eine Übersicht möglicher Konflikt-
bearbeitungsstrategien dar, unter denen weitere, zu den
Kategorien angehörende Strategien subsumiert werden.
Dies wären zum Beispiel Resignation, Meidung, Versickern
lassen etc. (vgl. ebd.).

Angelehnt an das Modell von Rahim (1983) kann es in einem Konflikt zu verschiedenen Ergebnissen kommen: (vgl.
ebd.)

1. Eine Win-Win-Situation darstellen, d.h. beide
   Konfliktparteien gehen mit Gewinn aus dem Konflikt z.B. einer Freundschaft heraus.

2. Eine Win-Lose-Situation bzw. Lose-Win-Situation
   sein, bei der eine der beiden Konfliktparteien die
   andere dominiert und deren Interessen weitgehend ignoriert, beispielsweise durch einen Schul-
   wechsel der betroffenen Person.

3. Eine Lose-Lose-Situation ergibt sich, wenn einer
   der beiden Parteien den Konflikt vermeidet oder
   aufschiebt – es kann zu keinem Ergebnis kommen
   und beide Parteien können ihre Interessen nicht
   durchsetzen.

4. Dem entgegen kann es zu einer Kompromisslö-
   sung kommen, bei der beide Konfliktparteien

Eingeständnisse machen, man spricht dann von einer „No-Win-No-Lose-Situation".

Das Ergebnis des Konfliktes ist jedoch immer das Resultat des Zusammenspieles der Ressourcen und der Konfliktlösungsstrategie.

<u>Zusammenfassung</u>

Das Besondere am Konfliktansatz ist die Wahrnehmung des Konfliktes auf unterschiedlichen Ebenen, die sich zu einem Gesamtbild zusammensetzen. Der Konfliktansatz ignoriert nicht den (sozialen) Kontext der Konfliktsituation, sondern nimmt die Person konkreter, durch eine Fokussierung auf die verfügbaren oder nicht-verfügbaren Ressourcen und Handlungsstategien, in den Fokus. Eine wichtige Rolle spielt hierbei ein besonderer Blick auf die soziale Interaktion (Handlungsstrategien). Es zählen nicht nur die Handlungsstategien einer Konfliktpartei, sondern es wird immer ein Gegenüber mit einbezogen. Der Konfliktansatz ist demnach als eine interaktionistische Perspektive zu bezeichnen. Es findet keine Betrachtung von (typisierten) Personen statt, sondern es wird auf die oben genannten Merkmale der (Konflikt-)Situation geschaut. Ein großer Vorteil des Konfliktansatzes stellt demnach auch die differenzierte Perspektivwahrnehmung dar.

5.6 Doing Social Problems – Doing Social Control

Wie bereits dargestellt, sind die nationalen Grenzen, Nationalität und der Nationalpass künstliche Konstrukte und spiegeln Machtverhältnisse wieder da sie Ausschluss produzieren. Der Status „Flüchtling/Asylsuchender" ist eine künstliche Konstruktion und produziert Ausschluss durch die Einteilung dahingehend wer dazu gehört und wer nicht. Gleichzeitig ist die Konstruktion des sozialen Problems „Flüchtlinge" innerhalb der Länder gewollt und Flüchtlinge werden damit zur Projektionsfläche von Aggression und Rassismus innerhalb der Gesellschaft. Dies trägt zum Machterhalt der bestehenden Strukturen bei, da die eigentlichen alltäglichen Konflikte, welche die Gesellschaft konstituieren, verdrängt werden und aus dem Fokus geraten.

In der heutigen modernen Gesellschaft, insbesondere in Europa, haben sich verschiedene soziale Systeme, Organisationen und Institutionen herausgebildet und ausdifferenziert, welche wiederum auf die Bearbeitung sozialer Probleme spezialisiert sind. Hierzu zählen u.a. Soziale Arbeit, Polizei, Justiz, Strafvollzug, Organisationen des Gesundheitssystems sowie der Psychiatrie. Aber es zählen hierzu ebenfalls auch die Institutionen des sozialen

Sicherungssystems, der Kommunalverwaltung, welche für die Planung und Durchführung von Integrationsmaßnahmen zuständig sind. Diese Institutionen bzw. Organisationen sind mit spezifischen Ressourcen, Rechten, politischen Aufträgen oder Programmen ausgestattet. Weiterhin haben sie ganz spezifische Formen und Techniken der Problembearbeitung ausgebildet und entwickelt. Dabei fungieren und funktionieren sie auf der Grundlage jeweils unterschiedlicher Logiken und haben dazu jeweils spezielle und spezifische Wissensbestände, Techniken sowie professionelle Orientierungen entwickelt, welche sie deutlich voneinander zu unterscheiden scheinen.

<u>Groenemeyer zur Konstruktion von „Flüchtlingen":</u>

Jede moderne Gesellschaft, und in diesem Sinne auch die Europäische Union als europäische Gesellschaft, hat verschiedene soziale Systeme, Institutionen und Organisationen geschaffen und ausdifferenziert. Diese sind auf die Bearbeitung von sozialen Problemen spezialisiert. Hierzu zählen u.a. Soziale Arbeit, Polizei, Grenzschutz, Justiz, Organisationen des Gesundheitssystems, der Psychiatrie, Institutionen des sozialen Sicherungssystems, Kommunalverwaltung etc. Diese Organisationen und Institutionen sind mit bestimmten Rechten, Ressourcen und politischen Aufträgen oder Programmen ausgestattet. Ebenso haben sie ihre ganz spezifischen Formen und Techniken der Problembearbeitung entwickelt, welche sie scheinbar voneinander abgrenzen (vgl. Groenemeyer 1999, S. 13).

Allen diesen Organisationen und Institutionen ist gemein, dass sie einen Bezug zu sozialen Problemen haben und somit sind sie das Ergebnis oder die Konsequenz erfolgreicher öffentlicher und politischer Problematisierungen. Damit wird vorausgesetzt, dass es eine bestimmte gesellschaftlich und politisch akzeptierte Definition von Kategorien sozialer Probleme gibt, welche den Institutionen wiederum den Organisationszweck und ebenso einen allgemeinen Rahmen für die durchzuführenden Maßnahmen und Handlungsformen vorgeben (vgl. ebd.).

In der Folge ergibt sich, dass solange es keine bearbeitende Stelle für ein vermeintliches Problem gibt, diese vage, unspezifisch, umstritten und nicht wirklich existent ist. Die Organisationen und Institutionen, welche die Probleme bearbeiten (im Sinne des sog. „Doing Social Problems"), schaffen einen Rahmen für Erwartungen und Interpretationen von Betroffenheit (vgl. ebd.).

> „Wenn es eine Suchtberatungsstelle gibt, dann gibt es auch Sucht und damit die Möglichkeit, eigene und fremde Verhaltensweisen als Sucht zu interpretieren. Mit ihrer Etablierung werden diese

Organisationen zur offiziellen Adresse für die Betroffenen oder potentiell Betroffenen von sozialen
Problemen, die damit immer auch bestimmte Bilder von Maßnahmen und Reaktionsweisen verbin-
den." (Groenemeyer 1999, S. 14)

Weiter sagt Groenemeyer:

„Die Aufnahme von Problemkategorien in Diag-
nosemanuals, in Strafgesetzbücher oder in die Entwicklung von Hilfsangeboten und Maßnahmen
dokumentiert dann nicht nur Zuständigkeiten,
sondern ermöglicht sowohl den professionellen
Problemarbeitern und –arbeiterinnen als auch (po-
tenziell) Betroffenen einen abgesicherten Sinn-
und Interpretationsrahmen für möglicherweise
bereits vorher eher diffus als problematisch wahr-
genommene Zustände und Verhaltensweisen und
selbst für Situationen, die vorher vielleicht als eher
unproblematisch angesehen oder als selbstverständlich interpretiert worden sind." (Groenemeyer 1999, S. 14)

Ebenso ist den Institutionen der Bearbeitung und Kontrolle
sozialer Probleme gemeinsam, dass sie von ihrem Charakter her als öffentliche und personenbezogenen Dienstleis-
tungsorganisationen fungieren und agieren. Die

140

Organisationen sind mit einem öffentlichen oder politischen Auftrag ausgestattet und organisieren Interaktionsprozesse zwischen den KlientInnen und öffentlichen Diensten, halten Hilfen und Beratung bereit, führen Kontrolle durch, verteilen Ressourcen und Status sowie wenden Techniken der Veränderung von Personen an. Dabei ist ihr zentrales Merkmal die face-to-face Interaktion in der konkreten Problembearbeitung (vgl. Groenemeyer 1999, S. 14). Zusammenfassend lässt sich sagen, dass die Organisationen und Institutionen der Problembearbeitung erfolgreich etablierte und allgemeine Kategorien von sozialen Problemen verkörpern, welche durch spezifisch geschultes Personal dann auf konkrete Situationen und Personen angewendet werden. Damit sind aus abstrakten Kategorien, bspw. Flucht, Kriminalität, Krankheit, Sozialisationsdefizite oder Hilfsbedürftigkeit, Fälle geworden. Im Rahmen von institutionellen Vorgaben und Handlungslogiken müssen diese nun entsprechend bearbeitet werden. Unter Umständen müssen die Fälle auch an andere Stellen verwiesen werden, welche dann zur Problembearbeitung besser geeignet sind. Mit diesem Verfahren werden also abstrakte Kategorien sozialer Probleme zur konkreten Betroffenheit umgewandelt (vgl. ebd. S. 14f.).

Damit dies jedoch geschehen kann, müssen einige Voraussetzungen erfüllt sein. Als erstes müssen die Problemkategorien gesellschaftlich als relevant und allgemein akzeptiert bzw. über politisch-administrative Entscheidungen als bearbeitungswürdig und bearbeitbar definiert werden, da es nur dann zu einer Institutionalisierung kommen kann. Zusätzlich entwickeln die Organisationen und Institutionen ein Eigenleben in Bezug auf die Interpretation und Bearbeitung von Problemkategorien. In den Interaktionsprozessen zwischen den Professionellen und den Betroffenen kommen ein spezifisches Wissen, bestimmte Orientierungen und ausgewählte Techniken zum Einsatz. Doch in diesem Aushandlungsprozess ist das Machtverhältnis ungleich verteilt. In diesem Prozess sind die Betroffenen aktiv beteiligt, da sie ihre Symptome, Defizite oder Belastungen äußern müssen bzw. sogar aktiv eine Inanspruchnahme initiieren (vgl. ebd. S. 15).

Dabei sind es nun diese Prozess der künstlichen Konstruktion sozialer Probleme im Alltag der organisatorischen bzw. institutionellen Kontexte der Problembearbeitung und der jeweiligen Konsequenzen, was nun als „Doing Social Problems" (Groenemeyer 1999, S. 15) beschrieben und analysiert werden kann. Dieser Ansatz ist eingebunden in die Soziologie der Konstruktion sozialer Probleme, welche u.a. durch

die Arbeiten von Spector und Kitsue (1973 & 1977) angesto-
ßen wurde (vgl. ebd.).

Holstein und Miller prägten zusätzlich den Begriff „Social
Problems Work" (Groenemeyer 1999, S. 16).

> „Doing Social Problems oder Social Problems
> Work bezieht sich nun nicht nur auf interne Struk-
> turen und Regeln des Hervorbringens von Prob-
> lemkategorien, sondern erhebt explizit den An-
> spruch, institutionelle und organisatorische
> Kontexte bei der Analyse zu berücksichtigen […]."
> (Groenemeyer 1999, S. 16)

Die lokale Konstruktion sozialer Probleme findet nicht be-
liebig oder gar willkürlich statt. Sie ist immer eingebunden
in den institutionellen Kontext einer Organisation. Aus diesem Grund wird auch von einer Karriere sozialer Probleme,
also einem stufenförmigen Prozess, ausgegangen. In diesem Prozess wird sowohl die Entstehung öffentlicher und
politischer „Issues" (Groenemeyer 1999) und ihrer Verarbeitung innerhalb des politischen Systems als auch ebenso
die konkrete und häufig professionelle Bearbeitung von
Problemfällen in Organisationen als die zentralen Phasen
des Problematisierungsprozesses beschrieben (vgl. ebd. S.
17).

Definitionen von sozialen Problemen

<u>Definitionen von sozialen Problemen</u>

Soziale Probleme können allgemein bestimmt werden als die Feststellungen oder Interpretation einer Diskrepanz zwischen den Vorstellungen eines gewünschten Zustands und der Interpretation der tatsächlichen Situation. Damit wird deutlich, dass soziale Probleme immer an bestimmte gesellschaftlich akzeptierte Wertideen gebunden sind. Diese sind wiederum leitend für den Vergleich zwischen den angestrebten und tatsächlich interpretierten Zuständen. Weiterhin müssen diese Wertideen argumentativ vorgebracht und darüber mobilisiert werden, damit sich Forderungen nach Veränderungen begründen lassen (vgl. Groenemeyer 1999, S. 24).

Dem folgend müssen die Deutungen von Phänomenen als problematisch, mit ihren Eigenschaften und Kategorisierungen, gesellschaftlich anschlussfähig sein, also als relevant erachtet und akzeptiert werden. Damit können dann bestimmte Ideen und Maßnahmen der Veränderung legitimiert werden. Mit Anschlussfähigkeit ist gemeint, dass die Problemkategorien und ihre Erklärungen kompatibel sein müssen mit den Definitionen, Ideologien und Bewertungen, welche für das jeweilige Feld kulturell bestimmend sind (vgl. ebd. S. 25).

Doing Social Problems

Die Perspektive des Doing Social Problems enthält ein zeitdiagnostisches und gesellschaftskritisches Potential, wenn sich die Analyse nicht auf die Interaktionslogiken der Aushandlungsprozesse beschränkt und stattdessen auch die deren Einbettung in gesellschaftliche und politische Diskurse einbezieht. Damit können Bedingungen und Prozesse der Entstehung und Entwicklung gesellschaftlicher sowie politischer Diskurse zurückverfolgt und im alltäglichen Routinehandeln erklärt werden. Mithilfe des Doing Social Problems ist es möglich, Prozesse der Kategorisierung und der Bearbeitung sozialer Probleme in einer vergleichenden Perspektive unter einem gemeinsamen konzeptionellen Dach zu analysieren (vgl. Groenemeyer 1999, S. 52).

> „Doing Social Problems ist die Anwendung von Regeln, Techniken und Wissen auf individuelle Problemlagen und Problemsituationen. Grundlagen hierfür ist ein Prozess der Kategorisierung und ihre Begründung im Rahmen von legitimierten Wissensbeständen, die für die Institutionen der Problembearbeitung typisch sind." (Groenemeyer 1999, S. 17)

Grundlage für diesen Aushandlungsprozess, und damit routiniert angewendetes Wissen, sind Gesetzestexte,

Vorschriften, Diagnosehandbücher, Programme oder auch Risikochecklisten. Durch die Institutionalisierung von Kategorien sozialer Probleme in den Organisationen und durch die Maßnahmen zur Problembearbeitung sowie die Anwendung im Rahmen des Doing Social Problems, erhalten die Problemkategorien eine eigene Wirklichkeit und somit entstehen reale Folgen für die Betroffenen. Damit ist das Doing Social Problems auch immer eine Moralarbeit im Sinne der „moral Work" (Groenemeyer 1999, S. 18).

> „Die Institutionen der Problembearbeitung verkörpern damit jeweils bestimmte gesellschaftlich bzw. politisch positiv bewertete Ziele und Wertideen, und die Kategorisierung von Personen beinhaltet eine moralische Bewertung, die Grundlage und Bezugspunkt für das Selbstbild der Betroffenen ist. Darüber hinaus ist Problemarbeit immer auch die selektive Verteilung von Ressourcen und die Zuteilung von Statuspositionen in routinierter und scheinbar technisch neutraler Form." (Groenemeyer 1999, S. 18)

Damit kann Doing Social Problems auch als eine Form von institutioneller Diskriminierung analysiert und erfasst werden (vgl. ebd.).

<u>Problematisierung sozialer Probleme</u>

Es ist keinesfalls unstrittig, dass bestimmte gesellschaftliche Bedingungen, z.B. Flüchtlinge in Europa oder individuelle Verhaltensweisen, problematisch sind. Dabei zeigt sich, dass sie erst dann als relevant herausstellen, wenn sie öffentlich als problematisch thematisiert werden. Dabei haben diese sozialen Probleme gemeinsam, dass sie von der Gesellschaft als problematisch und veränderbar interpretiert und somit zum Gegenstand von öffentlichen und politischen Debatten werden (vgl. Groenemeyer 1999, S. 18). Die öffentliche Debatte um soziale Probleme ist in ihrem Verlauf keinesfalls festgeschrieben, sondern kann sich verändern und entwickeln. Konflikte, welche früher als problematisch galten (Homosexualität, Zusammenleben vor der Ehe etc.), sind heute teilweise entschärft und weniger problematisch. Die sozialen Probleme stellen also offensichtlich gesellschaftliche Konstruktionen dar. Damit hat die Soziologie sozialer Probleme die Frage zu klären und zu bearbeiten, „wie und unter welchen Bedingungen bestimmte Sachverhalte, Konditionen oder Verhaltensweisen in der Gesellschaft problematisiert, d.h. zu sozialen Problemen gemacht worden sind und gemacht werden." (Groenemeyer 1999, S. 18)

In dem konstruktivistischen Programm des Analyse sozialer Probleme (Spector und Kitsue 1973 & 1977), geht es in erster Linie um die „Analyse von Aktivitäten, Strategien und Prozesse, über die individuelle, kollektive oder kooperative Akteure es schaffen, gesellschaftliche Bedingungen oder Verhaltensweisen öffentlich als problematisch zu konstruieren und bestimmte Charakterisierungen des Problems zu verbreiten. Soziale Probleme werden demnach nicht als evident problematische Bedingungen oder Verhaltensweisen aufgefasst, die einen Schaden verursachen oder gegen Moral und Normen verstoßen, sondern als (rhetorische) Strategien der öffentlichen Erhebung von Ansprüchen (Claimsmaking-Activities)." (Groenemeyer 1999, S. 18f.)

<u>Die Prozesse und die Ebenen in der Problematisierung sozialer Probleme</u>

Die Problematisierung sozialer Probleme folgt einem typischen Muster, welches als Stufen- oder Karriereprozess verstanden werden kann. Diesem Muster folgend werden zunächst in der Gesellschaft bestimmte Issues (Anliegen) formuliert, welche dann als Forderungen an das politische System adressiert und kommuniziert werden. Das politische System nimmt dies als Input auf, welcher nun wieder um im politischen Prozess bearbeitet werden müssen. Als

148

Output werden Programme und Maßnahmen umgesetzt, welche dann wiederum im Sinne einer Rückkopplungsschleife auf die Gesellschaft zurückwirken. Die Initiierung und Etablierung von Problemkategorien im öffentlichen Raum ist markiert durch die Phasen „Claimsmaking", „Media Coverage" und „Public Relations". Für die Prozesse der Konstruktion sozialer Problemkategorie im politischen Raum steht hingegen „Policy Making". Die Kategorie „Social Problems Work" bezieht sich auf die institutionalisierte und organisierte Problembearbeitung (vgl. ebd. S. 20) Durch dieses Modell (siehe Schaubild) zeigt sich, dass die Konstruktion sozialer Probleme durch kollektive Akteure und immer auch durch spezifische institutionelle Kontexte strukturiert oder gerahmt wird (vgl. ebd. S. 21). Dabei wird ein Kreislauf bzw. eine sog. „Karriere eines sozialen Problems" deutlich und die einzelnen Elemente sind allesamt miteinander untrennbar verbunden. Der gegenseitige Einfluss verstärkt dabei noch die Wirkung und fördert die Karrieren der sozialen Probleme.

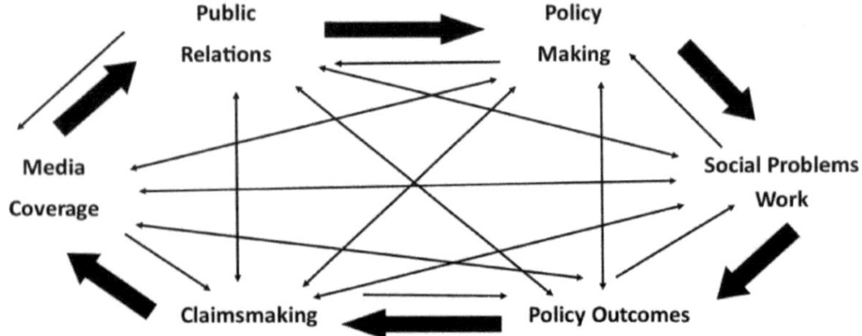

vgl. Groenemeyer 1999, S. 21, eigene Darstellung

Die Öffentlichkeit und das politische System stellen Ressourcen, allgemeine Orientierung und Programmatiken bereit oder beschränkt wiederum diese (vgl. ebd.).

Claimsmaking	Öffentlicher Diskurs	Policy Making	Social Problems Work
• Soziale Bewegungen	• Diskursstrategien	• Einfluss	• Profession
• Professionelle	• Deutungsmuster	• Organisationslogik	• Organisationslogik
• Moralunternehmer	• Mobilisierung	• pol. Gelegenheiten	• Interaktion
• Verbände	• Medienwirkung	• Wahlen	• Fallkonstruktion
• Interessengruppen	• Medicalization	• Implementation	• Diagnosen
• Betroffene	• Punitivität	• Governance	• Problemzuschreibung
• Massenmedien	• Public Attention	• Politics/Polity	• Stigmatisierung
• Wissenschaft	• Agenda Setting	• Deutungsmuster	• Prävention
		• pol. Agenda-Setting	• Intervention

vgl. Groenemeyer 1999, S. 22, eigene Darstellung

<u>Gesellschaftliche und politische Formierung von Diskursen</u>
Wie bereits gezeigt wurde, sind soziale Probleme nicht einfach Situationen, Bedingungen oder Verhaltensweisen, welche im Laufe der Entwicklung von Gesellschaften entstehen oder gar einen Schaden oder eine Störung für die Gesellschaft darstellen (vgl. ebd.).

> „Vielmehr haben Problemkategorien immer eine Geschichte der Problematisierung, d.h. eine Geschichte von Claimsmaking-Activities durch gesellschaftliche oder politische Akteure und sind in diesem Sinne soziale konstruiert." (Groenemeyer 1999, S. 23)

Des Weiteren werden soziale Probleme erst über ihre erfolgreiche Etablierung in öffentlichen und politischen Diskursen als sinnvoll und relevant erachtet und betrachtet. Damit konstituieren sie eine eigene Wirklichkeit und haben Konsequenzen für die Betroffenen und den BeobachterInnen. Die sozialen Probleme geben den Lebensbedingungen, den Situationen sowie dem eignen Handeln und Leiden einen Sinn und einen Bedeutungsrahmen (vgl. ebd. S. 23f.).

> „Die besondere Bedeutung öffentlicher und politischer Diskurse über soziale Probleme besteht genau darin, dass sie Problemerfahrungen strukturieren und ein kollektives Wissen bereitstellen,

anhand dessen Menschen im Alltag und in Organisationen der Problemberarbeitung ihr eigenes
Denken, Fühlen und Handeln interpretieren und
sie in Auseinandersetzung damit ihr Handeln aus-
richten." (Groenemeyer 1999, S. 24)

Soziale Probleme haben ihren Ausgangspunkt bei der Herstellung von Öffentlichkeit und über die Mobilisierung von
Anhängerschaften, Überzeugungen oder zumindest Akzeptanz für bestimmte Ansprüche und Problemdeutungen
in der Öffentlichkeit und der Politik (vgl. ebd.).

<u>Die aktive Problematisierung</u>

Bei der aktiven Problematisierung ist es nicht wichtig, ob
oder inwieweit die Argumente einer strikten Logik folgen
oder auf strenger wissenschaftlicher Basis beruhen. Entscheidend ist, dass sie mobilisieren und überzeugen. Aus
diesem Grund spielen bei den Claimsmaking-Activities
auch emotionale und affektive Aspekte eine zentrale und
wichtige Rolle. Ziel ist es, dass die Problematisierungen un-
kompliziert, verständlich und ansprechend sind, sodass sie
eine dramatische Gestalt aufweisen und über moralisierende Geschichten von Einzelschicksalen präsentiert werden können. Ebenso schaffen die Identifikationsmöglich-
keiten über die Konstruktion unschuldiger Oper, welche
dann wiederum Sympathie und Empathie erzeugen.

152

Andererseits können sie auch Abgrenzungsmöglichkeiten durch die Konstruktion von extremer oder enthumanisierter Schuldiger schaffen, sodass für die Veränderung und mehr Kontrolle mobilisiert werden soll (vgl. ebd.).

> „Die Konstruktion des Ausmaßes von Sympathie und Antipathie sowohl mit Problemverursachern als auch mit Problemopfern bestimmt entscheidend mit, welche Form der Problematisierung sich durchsetzt und welcher Typus von Organisationen der Problembearbeitung institutionalisiert wird." (Groenemeyer 1999, S. 26)

<u>Massenmedien</u>

Innerhalb des Prozesses der Mobilisierung öffentlicher Diskurse haben die Massenmedien eine entscheidende Rolle. Massenmedien sind nicht nur Vermittler von Themen, sondern treten unter Umständen auch als eigene Akteure auf. In jedem Fall sind sie für die Akteure in der Bearbeitung der sozialen Probleme (Claimsmaker) und auch für die Politik einer der zentralen AnsprechpatrnerInnen. In der Auswahl und der Art der Aufbereitung von Themen und Problematisierungen haben die Massenmedien eigene Kategorien und Kriterien, welche dann zum Einsatz kommen. Dabei müssen sich die öffentlichen Problemdiskurse steht auf einem Markt der Problematisierungen behaupten und etablieren. Das heißt, dass sie einen fragilen und wechselhaften Charakter haben, da sie sich mit dem Problem einer schwankenden und begrenzten Öffentlichkeit gegenüberstehen (vgl. ebd. S. 28).

Es lässt sich weiterhin festhalten, dass soziale Probleme kulturelle Deutungsmuster darstellen, welche aus 3 Dimensionen bestehen: (vgl. ebd. S. 29)

1. Identifizierung problematischer und zu verändernder Sachverhalte als überzeugende Definition und Begründung des problematischen Charakters (Diagnoserahmen).

2. Identifikation von Zuständigkeiten und Lösungsmöglichkeiten des Problems (Lösungsrahmen).

3. Moralische Bewertung, welche den Problemcharakter ausmacht und über Dringlichkeit und Veränderungsnotwendigkeiten kommuniziert werden muss (Mobilisierungsrahmens).

<u>Institutionen der Problembearbeitung</u>

Für die Institutionen im Aufgabenfeld der Problembearbeitung sind öffentlich Diskurse und somit die hierüber etablierten Problemkategorien von hoher Bedeutung, da sie die Institutionen mit Legitimation und Reputation für ihre Aufgaben versorgen. Dies ist relevant für die Ausstattung mit Ressourcen und hat auch unmittelbaren Einfluss auf die

Inanspruchnahme der angebotenen Lösung des Problems.
Damit wird auch im Bereich der Sozialen Arbeit die Inanspruchnahme und die Problembeschreibung unmittelbar durch die Klientel und durch die öffentlichen Diskurse beeinflusst (vgl. ebd.).

> „Die Problemkategorien öffentlicher Diskurse bilden somit einen wichtigen Bestandteil der institutionalisierten Kultur der Problembearbeitungen im Alltag." (Groenemeyer 1999, S.29)

<u>Zwischenfazit</u>

Als Fazit lässt sich festhalten, dass es stets einen Konflikt um die Definition von sozialen Problemen gibt. Innerhalb dieses Konfliktfeldes finden die Prozesse zur Konstruktion der sozialen Probleme statt. Weiterhin gibt es Konflikte um die richtigen Bearbeitungsformen dieser sozialen Probleme. Anschließend an Gusfield lässt sich die Metapher des Eigentums für die sozialen Probleme verwenden. Er spricht von Eigentümern von sozialen Problemen, welche die Aufgabe haben die Probleme dann auch zu bearbeiten (vgl. Groenemeyer 1999, S. 33).

In der Sozialen Arbeit zeigt sich, dass die Soziale Arbeit selber in der Regel nicht Eigentümer dieser Probleme ist. Stattdessen greift sie die Problemdefinitionen nur auf und rekonstruiert diese. Als Beispiel sind Kriminalität oder auch Probleme in der Familie zu nennen.

5.7 Zur Wirkungsweise des Doing Social Problems

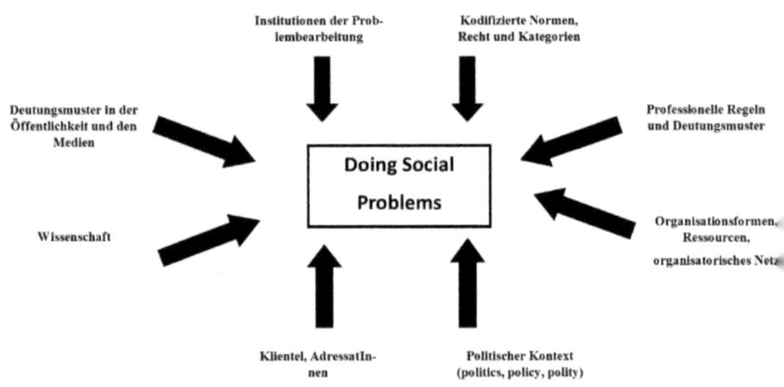

vgl. Groenemeyer 1999, S. 40, eigene Darstellung

1. Doing Social Work als Kategorisierungsarbeit

Eine zentrale Voraussetzung für die erfolgreiche Institutionalisierung sozialer Problemkategorien in der Öffentlichkeit und Politik ist eine prägnante Dramatisierung und die Konstruktion eines typischen Bildes sowie allgemeine Regeln der Betroffenheit. Die Professionellen sind hingegen in ihren Einrichtungen der Problembearbeitung mit individuellen Subjekten, einzigartigen und differenzierten

156

Situationen und ebenso mit komplexen und ambivalenten Formen der Problembetroffenheit konfrontiert. Das Ziel dieser Problemarbeit ist es nun in erster Linie die Menschen zu ändern, sei es in ihrem Status, ihren Ressourcen, ihren Kompetenzen, Motivation oder auch Orientierung. Dabei stellen die Problembetroffenen das sog. „Rohmaterial" (Groenemeyer 1999, S. 42) dar. Aus den normalen Individuen werden in diesem Schritt dann KlientInnen, PatientInnen, Verdächtige, Angeklagte oder AntragsstellerInnen etc. Damit sie nun abschließend zu Gegenständen der Problemarbeit gemacht werden können, müssen aus ihnen folgerichtig Fälle gemacht werden (vgl. Groenemeyer 1999, S. 42).

> „Grundsätzlich werden die Kategorien sozialer Probleme in Interaktionsprozessen aktiv reproduziert und die von diesen Interpretationen Betroffenen beteiligen sich aktiv daran, indem sie Symptome schildern, Rechtfertigungen vorbringen und entsprechende Informationen zum Fall liefern. [...] In diesem Sinne kann der Aushandlungsprozess von Diagnosen, Situationsdefinitionen und Kategorisierungen als ein Mechanismus der Reproduktion sozialer Ungleichheiten fungieren und zu

impliziten Formen institutioneller Diskriminierung beitragen." (Groenemeyer 1999, S. 46)

<u>2. Doing Social Problems als Moralarbeit</u>

Doing Social Problems ist immer zugleich eine moralische
Praxis. Dies bezieht sich insbesondere auf die Transformation von Individuen in Klientel, da dies immer eine Veränderung des moralischen Status einer Person bedeutet. Dabei ist beispielsweise eine Diagnose immer eine bewertende
Problemzuschreibung an die betroffene Person. Da die Institutionen Macht bei der Zuweisung von Status, Ressourcen und Situationsdefinitionen haben, ist die moralische
Arbeit auch immer eine wichtige Ressource in der Identitätsbildung betroffener Personen.

> „Bereits die Existenz der Institution und die mit ihr
> verbundene Lizenz, z.T. weitreichende Eingriffe in
> das Leben der Klientel vorzunehmen und Ände-
> rung ihrer Ausstattung mit Ressourcen und ihres
> Status vorzunehmen, beinhaltet das moralische
> Urteil, dass damit problematische Situationen und
> Personen bearbeitet werden sollen." (Groene-
> meyer 1999, S. 47)

Damit sind die Kategorisierungen und ihre moralische Bewertung elementarer Bestandteil des institutionalisierten
Doing Social Problems. Des Weiteren wird die

Unsichtbarkeit der moralischen Dimension der Problemarbeit durch den Rückgriff auf die institutionellen Technologien der Organisation gefördert und hinter den professionellen Fachsprachen und den formalisierten Diagnosesystemen, welche nur den Professionellen zugänglich sind, erscheinen wiederum die Entscheidungen für die Verteilungen von Ressourcen, die Definitionen von Behandlungsnotwendigkeiten und den Problemen sowie die Reaktions- und Behandlungsform und ihr Verlauf als eine vermeintlich rein technische Angelegenheit (vgl. ebd. S. 47).

Ebenso lässt sich sagen, dass die Bedeutungen kultureller Zuschreibungen, Normen, Werte und Symbole für den Prozess der Kategorisierung, also sein Charakter als soziale Konstruktion in einem institutionellen Kontext, hinter den unreflektierten Routinen der praktischen Sozialen Arbeit verschwinden (vgl. ebd.).

3. Doing Social Problems als Emotionsarbeit

Sowohl die moralische Dimension der Kategorisierung als auch die besondere Bedeutung zwischen KlientInnen und Professionellen verweisen auf die Emotionen im Prozess des Doing Social Problems (vgl. ebd. S. 48).

In einigen Organisationen gehört Beziehungsarbeit zu den Techniken der Problemarbeit, z.B. in der Beratung,

Erziehung oder Therapie. In diesen Situationen sind der mehr oder weniger strategische Einsatz von Emotionen für den Aufbau und die Aufrechterhaltung der Beziehung notwendig. Andere Institutionen der Problemarbeit zeichnen sich hingegen bewusst durch die Kontrolle der Emotionen aus, da es hier aus Ausdruck von Professionalität verstanden wird. Dies trifft insbesondere auf die Polizei, die Justiz und die Medizin zu. Hierbei wird die Kontrolle von Gefühlen bewusst als Symbol von Autorität und Macht eingesetzt, sodass eine bestimmte Wirkung bei der Klientel erreicht werden kann (vgl. ebd.).

> „Ein weiterer Aspekt der Bedeutung von Emotionen im Doing Social Problems ergibt sich aus der moralischen Dimension der Kategorisierungsprozesse. Die moralische Konstruktion von Verantwortlichkeiten und Schuld und die Zuschreibung von Attributen der 'guten' und 'schlechten' Klientel ist unmittelbar mit der Zuteilung von Sympathie und Antipathie verbunden." (Groenemeyer 1999, S. 49)

Dies hat zur Folge, dass Schuldige und Verantwortliche für Schäden eine Verurteilung und Sanktionen verdienen, wohingegen die Opfer im Prinzip als unschuldig angesehen werden und Gefühle von Mitgefühl, Betroffenheit und Hilfsbereitschaft hervorgerufen werden (vgl. ebd.).

<u>Zur Bedeutung des Doing Social Problems</u>

Die Kategorien von sozialen Problemen leiten Interaktionsprozesse in allen Bereichen des gesellschaftlichen Lebens und sind somit Gegenstand politischer Diskurse, mobilisieren soziale Bewegungen und finden ihren Ausdruck als Berichterstattungen in den Medien sowie als Themen in der Unterhaltungsindustrie. Die Menschen greifen ganz selbstverständlich im Alltag auf diese Kategorien sozialer Probleme zurück, um beispielsweise. andere Personen und deren Verhalten zu bezeichnen oder um den eigenen Befindlichkeiten und den Verhaltensweisen einen Sinn zu geben. Damit stellen sie eine allgemeine kulturelle und moralische Ressource dar, auf welche Interpretationen von Störungen und Abweichungen gerne zurückgreifen (vgl. ebd. S. 49f.).

Diese Kategorien sozialer Probleme sind mit der Zeit in ganz unterschiedlichem Ausmaß institutionalisiert, sodass die heute als selbstverständlich und allgemein evident angesehen und umgesetzt werden. Damit werden die Betroffenen zu Fällen umgewandelt (vgl. ebd.).

„Doing Social Problems oder Problemarbeit verweist darauf, dass es sich hierbei um ein aktives

Herstellen handelt, das nach bestimmten, identifizierbaren Regeln funktioniert. Dabei geht es nicht um die Frage, ob diese oder jene Form der Kategorisierung und der Bearbeitung eines sozialen Problems angemessen ist oder zu seiner Lösung beiträgt, sondern zunächst nur um eine Rekonstruktion und Erklärung der Art und Weise, wie diese Institutionen in ihrem Inneren funktionieren und warum sie so funktionieren wie sie funktionieren." (Groenemeyer 1999, S. 50)

Insbesondere für die Betroffenen ist die Problemarbeit folgenreich, da die Organisationen der Problemarbeit in Verbindung mit den Kategorisierungen den Status von Personen verändern, erweitern oder auch reduzieren. Ressourcen und Chancen können ebenfalls erweitert oder reduziert werden und Handlungschancen bereitgestellt oder sanktioniert werden. Die Kategorisierung als Fall, KlientIn, Flüchtling etc. stellt eine besonders bedeutsame Ressource für die Identitätsbildung dar: entweder als Stigmatisierung bzw. Etikettierung oder als sicherheitsstiftende Möglichkeit dem eigenen Handeln und Leben einen Sinn zu geben. Dabei ist jede Kategorisierung auch immer ein Selektionsprozess, da bestimmte Typen von KlientInnen bevorzugt oder benachteiligt werden. Diese Prozesse sind eigebunden in die Logik der Organisationen und stellt somit institutionelle Diskriminierung dar (vgl. ebd. S. 51).

5.8 Die Politik sozialer Probleme

Es existiert eine Vielzahl an Definitionsversuchen zu sozialen Problemen. Im Kern handelt es sich bei sozialen Problemen um einen Schaden und eine gesellschaftliche Störung, da sie unerwünschte Zustände und Situationen bezeichnen. Entscheidend ist hierbei der Prozess der Problematisierung. Der Hauptaspekt der Bestimmung von sog. sozialen Problemen ist die kollektive Definition. Nur wenn in einer Gesellschaft die Vorstellung einer gesellschaftlichen Veränderbarkeit der unerwünschten Probleme verbreitet ist, lässt sich von sozialen Problemen sprechen. In diesem Zusammenhang in Bezug auf die Definition und die Konstitution von sozialen Problemen, und somit auch von Konflikten bzw. Konfliktparteien, ist eine zentrale und fundamentale Form politischer Macht und sozialer Kontrolle. Dabei ist es gar nicht selbstverständlich und unmittelbar evident, dass bestimmte gesellschaftliche Bedingungen und individuelle Verhaltensweisen problematisch sind. Soziale Probleme stellen immer gesellschaftliche Konstruktionen dar, welche jedoch als gesellschaftlich und politisch relevant angesehen werden und daher einer Bearbeitung bzw. Lösung bedürfen. Im Laufe der Menschheitsgeschichte hat es immer gesellschaftliche Bedingungen gegeben, welche zu bestimmten Zeiten als normal und selbstverständlich angesehen wurden und diese zu anderen Zeiten als zentrale und politisch zu verändernden Problemen angesehen wurden, z.B. Diskriminierungen von Frauen, Tabakkonsum etc. Ebenso hat es immer Probleme gegeben, welche zu heftigen Konflikten und rechtlichen Verboten führten und wiederum heutzutage als normal und unproblematische Lebensweisen aufgefasst werden, z.B. Homosexualität (vgl. Groenemeyer 2012, S. 17ff.).

> „Etwas als soziales Problem zu bezeichnen drückt die Erwartung oder Forderung aus, dass es behoben werden soll. Unabhängig davon, wie soziale Probleme im Detail definiert, und welche Fragestellungen mit dem Konzept verbunden werden, es besteht Einigkeit darüber, dass die Forderung nach Veränderung der Situation bzw. die Etablierung von Problemlösungen zu den zentralen Merkmalen sozialer Probleme gehören. Soziale Probleme sind die Grundlage und das Material für sozialpolitische Interventionen, für Kriminal- und Gesundheitspolitik ebenso wie auch für die

Soziale Arbeit und viele andere Felder des politischen Systems [...]." (Groenemeyer et. al. S. 117)
In den europäischen Gesellschaften begleiten staatliche Interventionen und Aktivitäten die BügerInnen ihr ganzes Leben lang und die unterliegen in ihrem Dasein staatlichen Regulierungen und Kontrollen. Dabei bestimmen die Institutionen und Organisationen des politischen Systems das soziale Leben in einem erheblichen Ausmaß, sodass es möglich ist von einer politisch verfassten und gesteuerten Gesellschaft zu sprechen. Dabei bleiben die Nationalstaaten und die Organisationen des nationalen politischen Systems die Hauptakteure, welche über ein „einheitliches Rechtssystem sowie über das staatliche Gewalt- und Steuermonopol gesellschaftliche Integration herstellen" (Groenemeyer et. al. S. 117).

Durch die öffentlichen und politischen Problematisierungen wird ein bestimmter und spezifischer Sachverhalt, eine Bedingung oder eine Verhaltensweise zu einem sozialen Problem. Im weiteren Verlauf befassen sich dann Organisationen und Institutionen mit den Problematisierungen und sorgen dafür, dass diese konkreter werden, um dann als existent und gesellschaftlich relevant angesehen zu werden. Die Problemkategorien werden verifiziert, sodass im Anschluss daran die Zuständigkeit für die

Problembearbeitung festgelegt werden kann. Dies kommt dann den Institutionen zu, welche auf der Grundlage politischer Entscheidungen, welche den rechtlichen Rahmen setzen und die Organisationen mit Ressourcen und Personal ausstatten, sodass die allgemeine Problematik der Problembearbeitung und die Zuständigkeit festgelegt werden kann (vgl. Groenemeyer 2012, S. 118).

> „Von zentraler Bedeutung ist hier, dass über politische Entscheidungen in Form von Rechtsetzungen, Programmen und Ressourcenverteilungen Problemkategorien einen anerkannten, offiziellen Status gewinnen. Durch die politische Entscheidung auf verschiedenen Ebenen (national, regional, lokal) werden bestimmte Formen der Kategorisierung sozialer Probleme mit Deutungsmacht ausgestattet, und sie gewinnen dadurch einen hegemonialen Anspruch auf Legitimität und Richtigkeit des Problemdiskurses." (Groenemeyer et. al. 2012, S. 118)

Damit ist der Staat Adressat der sog. „claims-making activities" (Problematisierungen), zentrale Institution der Problembearbeitung sowie auch der zentrale Akteur in der Produktion von Deutungsmustern und Diskursen. Den politischen Entscheidungen folgend, werden Programme

formuliert, Zielgruppen definiert, administrative Kriterien
für Anspruchsberechtigungen sowie für Kontrollaktivitä-
ten festgelegt und institutionelle Zuständigkeiten geschaffen (Groenemeyer et. al. 2012, S. 118f.).

> „Die Politik sozialer Probleme wird in dieser Per-
> spektive verstanden als das Ensemble von Public
> Policies, von Politikfeldern, die sich mit der Bear-
> beitung sozialer Probleme befassen. Und die Ent-
> wicklungen der Politik und des politischen Sys-
> tems stellen insofern den Schlüssel für die Analyse
> der Institutionalisierung von Problemdiskursen
> durch das politische System dar." (Groenemeyer
> et. al. 2012, S. 120)

Soziale Probleme sind nun wiederum Gegenstand von Konflikten im politischen System, da es um die Mobilisierung
für bestimmte Problemdeutungen und –kategorien geht.
Inhaltlich sind es Entscheidungen über die Verteilung von
Ressourcen und Maßnahmen zur Kontrolle, sowie die Kontrolle und Steuerung von Zuständigkeiten und Einfluss
(vgl. Groenemeyer et. al. 2012, S. 122).

Dimensionen von Politik (vgl. Groenemeyer et. al. 2012, S.
122f.)

1. Inhaltliche Dimension:

Die inhaltliche Dimension zielt auf den Prozess der Bearbeitung, Kontrolle oder auch (vermeintliche) Lösung sozialer Probleme ab. Es werden Entscheidungen über Politikziele und Maßnahmen gefällt und diese dann in konkreten Interventionen, Regelungen und Ressourcenverteilungen umgesetzt (public policy).

2. Institutionelle Dimension:

Die institutionelle Dimension ist durch die Verfassung, Rechtsordnung und Tradition festgelegt. In diesem Sinne sind Regierungen, Parlamente, Gerichte und öffentliche Körperschaften die klassischen Institutionen des politischen Systems, welche in ihrer Funktionsweise über die Verfassung und die Rechtsverordnungen abgesichert und bestimmt sind (policy).

3. Prozessuale Dimension:

Die prozessuale Dimension zielt auf die Vermittlung von Interessen durch Konflikte und Konsens ab. Dies bestimmt den Prozess der Interessensartikulation und –durchsetzung im politischen Prozess. Dabei verweisen die Themen und Gegenstände der Politik auf unterschiedliche Interessen,

Problematisierungen und öffentliche Legitimation in der Gesellschaft.

„Die Politik sozialer Probleme beschreibt also ein spezifisches politisches Ensemble von Handlungsfeldern (policy) der Bearbeitung und der Kontrolle sozialer Probleme, in denen über Konflikte, den Einsatz verschiedener Machtressourcen und die Mobilisierung von Legitimation soziale Probleme und spezifische Problematisierungsformen behandelt werden (politics)." (Groenemeyer et. al. 2012, S. 124)

Dabei stellen die Konstruktion und Institutionalisierung von sozialen Problemen einen Konflikt um Deutungen, Werte und Interesse dar. Dieser wird mit politischen Mitteln ausgetragen und sein Ausgang ist mit bestimmt u.a. durch die Strukturen und Institutionen des politischen Systems. Die sozialen Probleme werden mit dem Ziel der Etablierung von Policies an das politische System herangetragen, welches dies in „political issues" transformiert. Auf der anderen Seite entstehen Problematisierungen auch innerhalb des politischen Systems nach eigenen Logiken und Interessen (vgl. Groenemeyer et. al. 2012, S. 124).

Für die Veranschaulichung des politischen Prozesses lässt sich ein Phasenmodell (Policy Cycle) verwenden (vgl. Groenemeyer et. al. 2012, S. 127).

1. Phase: Problemdefinition innerhalb der Öffentlichkeit (Agenda-Setting). Politische Organisationen greifen die Probleme auf und behandeln diese als relevant und bearbeitungswürdig. So kommen sie auf die politische Agenda.

2. Phase: Es werden verschiedene alternative Programme und Handlungspläne zur Lösung des Problems entwickelt (Policy Formulation).

3. Phase: Die Policy Formulation stellen die Grundlage für die politischen Entscheidungen dar (Policy Decision-Making).

4. Phase: Das Policy Decision-Making bildet wiederum den Ausgangspunkt für die Umsetzung in konkrete Maßnahmen und Interventionen (Implementation).

5. Phase: Es folgt die Evaluation der Maßnahmen in Bezug auf den Erfolg bei der Lösung der sozialen Probleme (Evaluation).

6. Phase: Dies führt dann entweder zur Beendigung der Politik, weil das Problem gelöst ist (Termination) oder der Prozess setzt bei Phase 1 wieder fort.

Zusammenfassend lässt sich sagen, dass über verschiedene Mechanismen und Prozesse ein Zusammenhang zwischen der „Artikulation, Organisation und Mobilisierung von Forderungen und Anliegen durch kollektive und kooperative Akteure in der Öffentlichkeit einerseits und der Generierung und Bearbeitung politischer Issues innerhalb des politischen Systems andererseits" (Groenemeyer et. al. 2012, S. 129) hergestellt werden kann.

5.9 Ausschlussdimensionen der Sozialen-Probleme-Perspektive in der Sozialen Arbeit

Die Denkweise der Perspektive Sozialer Probleme ist im funktionalistischen Gesellschaftsbild, in welchem die Gesellschaft von Normen und Werten zusammengehalten werden, auf die wiederum alle Mitglieder Gesellschaft verpflichtet werden, begründet. In dieser Denkweise liegt der Fokus auf der sozialen Struktur und nicht auf den sozialen Prozessen (vgl. Schimpf & Stehr 2012, S. 29).

Dabei ist es für die AkteurInnen im Feld Sozialer Probleme von Bedeutung, inwieweit es ihnen gelingt, über die von ihnen entwickelten oder auch übernommenen Problemdefinitionen gesellschaftlichen Konsens zu erreichen. Dabei sind diese kollektiven Akteure bzw. Institutionen dann auch Eigentümer Sozialer Probleme, sofern es ihnen gelungen ist, sich als (allein-)zuständig für die Bearbeitung des Problems durchzusetzen und zu deklarieren (vgl. Schimpf & Stehr 2012, S. 31).

Zentrale Forschungsaufgaben der Wissenschaft der Sozialen Arbeit und damit Gegenstand der Sozialarbeitsforschung, sind die Analyse sozialer Probleme, die Bearbeitung gesellschaftlich und professioneller relevanter Problemlagen sowie die Problembearbeitung selbst (vgl. Schimpf & Stehr 2012, S. 31f.).

Innerhalb der Sozialarbeitswissenschaften werden Soziale Probleme so definiert, als dass sie eine Gruppe bzw. eine Vielzahl von Betroffenen belastet und diese bereits gesellschaftlich etikettiert sind. Zentral für die Analyse ist nun, wie sich diese Etikettierungsprozesse im gesellschaftlichen Kontext darstellen und auf welche Art und Weise die Professionellen (inkl. der Forschenden) innerhalb der Sozialen Arbeit an diesen Problemdefinitionen beteiligt sind. Dabei ist für diese Ausschließungsprozesse entscheidend, welche Interessensgruppen bzw. Interessensbündnisse ihre jeweilige Definition von einem Sozialen Problem durchsetzen und etablieren können (vgl. Schimpf & Stehr 2012, S. 32f.).

> „Soziale Problemdefinitionen sind gesellschaftlich gebunden und abhängig von politischen, institutionellen, professionellen wie auch individuellen

Macht- und Herrschaftsinteressen, weshalb vor allem die Entstehungskontexte und die unterschiedlichen Diskurse dieser Konstrukte – aktuell neoliberaler Politik und Ideologie – zu reflektieren sind, um einer Vereinnahmung und damit einer Unterstützung dieser Politik etwas entgegensetzen zu können." (Schimpf & Stehr 2012, S. 33)

5.10 Subjektorientierung

Wie bereits angesprochen, ist es für die weitere Analyse der Konstruktion vom Flüchtlingsproblem im europäischen Raum unerlässlich zunächst einmal festzulegen, dass im Sinne der kritischen Sozialen Arbeit und im Sinne der Konfliktorientierung von einer Subjektorientierung ausgegangen wird.

Die Subjektorientierung unterscheidet sich deutlich von einer ätiologischen, merkmalszuschreibenden „Problemgruppenperspektive". Es gilt die Eigenaktivitäten und Eigensinnigkeiten der Subjekte als Bearbeitungen von gesellschaftlichen sowie institutionellen Ausschließungen und somit als Konflikte um gesellschaftliche Positionierungen herauszuarbeiten. Das Einnehmen der Subjektperspektive macht es notwendig, gesellschaftliche Situationen als Konfliktverhältnisse sichtbar werden zu lassen. In diesen gibt es widersprüchliche Anforderungen, welche auf sehr verschiedene und sich teils überlappende Dimensionen sozialer Ungleichheit verweisen. Damit ist die Subjektperspektive fähig an die Etikettierungsperspektive anzuknüpfen und damit ätiologischen Theorien und personalisierenden Kategorisierenden entgegenzutreten. Somit können die von der Gesellschaft definierten Abweichler, Außenseiter und Problemgruppen wiederum als soziale Akteure mit deutlich identifizierbaren Interessen und Positionen sichtbar werden (vgl. Anhorn & Stehr 2012, S. 68f.).

5.11 Citizenship als alternatives Modell

<u>Migration-Recht-Citizenship: Potentiale und Grenzen eines kritischen Diskurses.</u>

„Citizenship" ist eine zentrale Kategorie in der Migrationsforschung und beinhaltet nicht nur Staatsbürgerschaft, zumal das Wort „Citizenship" in der englischen Sprache mehr umfasst als die deutsche Übersetzung mit „Staatsbürgerschaft" hergibt (Lebuhn 2013, S. 231).

Der Begriff ermöglicht ein „differenziertes Verständnis von sozialer, politischer, ökonomischer und kultureller Teilhabe am gesellschaftlichen Leben – das wiederum betrifft sowohl MigrantInnen als auch StaatsbürgerInnen." (Lebuhn 2013, S. 231)

Damit ist es möglich mit dem Citizenship-Begriff eine Gegenperspektive zum hegemonialen Integrationsdiskurs zu entwickeln, sodass nicht die MigrantInnen selbst als Problem konstruiert werden, sondern der gesellschaftliche Ausschluss und die Diskriminierung von MigrantInnen im Fokus stehen. Ziel ist es dabei zu vermitteln, dass ein unabweisbares Recht auf Rechte (gemäß Hannah Arendt) gibt und zwar unabhängig von der Staatsbürgerschaft. Dabei steht in diesem Zusammenhang der materielle Lebensmittelpunkt als Kriterium für den Zugang zu gesellschaftlichen Ressourcen im Mittelpunkt und nicht die formale Staatsbürgerschaft (vgl. ebd.).

> „Alle Menschen, die zusammen an einem bestimmten Ort leben und dort am Alltag partizipieren, sollen auch die gleichen Rechte und Pflichten haben." (Lebuhn 2013, S. 231).

Doch der Begriff „Citizenship" hat auch seine Schwächen, da die Kategorie „Recht" aus der bürgerlichen Gesellschaft entnommen ist und damit der Nationalstaat als Garant von Teilhabepolitiken und Teilhaberechten auftritt. Auf der anderen Seite ist der Staat das Zentrum in der Konstitution von nationalen Identitäten und materiellen Grenz- und Ausschlusspraktiken. Weiterhin steht die Gleichheit vor dem Gesetz im Widerspruch zur materiellen Ungleichheit der Menschen im Kapitalismus. Und nicht zuletzt steht dies auch im Widerspruch zu den Ideologien, welche die politischen und sozialen Ungleichheiten legitimieren (vgl. ebd. S. 232).

Zum Begriff „Citizenship"

Der Begriff „Citizenship" umfasst auf der einen Seite die Dimension der Staatsbürgerschaft. Zentral sind hierbei die Fragen wie sich nationale Zugehörigkeit rechtlich kodiert, wer darf StaatsbürgerIn sein und wer nicht, wie erfolgt der Erwerb dieser Staatsbürgerschaft und welche Rechte und Pflichten impliziert dies. Auf der anderen Seite fragt der Begriff nach gesellschaftlicher Teilhabe (vgl. ebd. S. 233).

Dabei lässt sich anschließend an T.H. Marshall (1950/2006) formulieren, dass sich nur wenn eine umfassende Teilhabe in allen wichtigen gesellschaftlichen Bereichen gewährleistet ist, man auch von einer „full citizenship" sprechen kann (vgl. ebd. S. 233f.).

Um den Gedanken des Ansatzes „Citizenship" richtig verstehen zu können, ist es notwendig die argumentative Logik dahinter zu begreifen. Dabei geht der Ansatz davon aus, dass die Bindung von sozialen, politischen und kulturellen Rechten an die Staatsangehörigkeit ein deutliches Demokratiedefizit offenbart, da die Bevölkerung, welche sich im Staatsgebiet aufhält, ohne die entsprechende Staatsangehörigkeit zu besitzen, ebenso von den Gesetzen und der Politik betroffen ist und hierauf in der Regel keinerlei Einfluss nehmen kann (bspw. aktives und passives Wahlrecht). Dies stellt für den Nationalstaat und die Staatsbürger mit ihren jeweiligen demokratischen Ansprüchen nun eine Konfrontation dar. Weiterhin bedarf es auch einer Auseinandersetzung mit dem herrschaftlichen Zusammenhang zwischen der Idee der Gesellschaft als Nation und auf der anderen Seite Staat, Nation und Volk (vgl. ebd. S.234).

> „Angesichts der Tatsache, dass viele MigrantInnen von substantiellen Rechten wie dem Wahlrecht, der Reisefreiheit, dem Zugang zu Bildungsinstitutionen und zu öffentlichem Wohnraum usw. ausgeschlossen bleiben – während ihre NachbarInnen mit dem ́richtigen ́ Pass alle diese Rechte völlig selbstverständlich wahrnehmen – fürchtet man (nicht ohne Grund) um den sozialen und politischen Frieden in der Gesellschaft." (Lebuhn, S. 234)

Aus einer gesellschaftskritischen Perspektive ist diese Position jedoch zu kritisieren, da die Vergabe von Rechten an MigrantInnen nur ein Mittel zum Zweck ist. Zielführend ist es hingegen aus der Sicht der Betroffenen zu argumentieren. Daher muss dieses Thema in Bezug auf die Möglichkeiten des kollektiven Widerstands, der politischen Mobilisierung und den Perspektiven der gesellschaftlichen Transformation diskutiert und analysiert werden (vgl. ebd. 235).

178

<u>Integration und Citizenship</u>

Bereits Holston und Appadurai haben in ihren Arbeiten herausgestellt, dass die formale Staatsbürgerschaft, also „membership in a nation", heutzutage immer weniger als eine Bedingung gesehen werden kann, dass den Betroffenen auch gesellschaftliche Teilhaberechte, also „substantive citizenship", gewährt werden. Dies bedeutet: (vgl. Lebuhn 2013, S. 235)

1. Alle Rechte, außer das Wahlrecht, könnten auch an MigrantInnen ohne die Staatsbürgerschaft des Landes, in dem sie leben, gegeben werden können.

2. MigrantInnen und Staatsbürger sind in ähnlicher Art und Weise davon betroffen, welchen Schutz kulturelle, soziale oder politische Rechte ihnen vor den Risiken des kapitalistischen Nationalstaats geboten werden können.

3. Der neoliberale Umbau lässt sich anhand der grundlegenden Unterscheidung zwischen der formalen Rechtsebene und dem materiellen Gehalt von Rechten analysieren.

Weiterhin lassen sich für die heute Debatte um den Begriff „Citizenship" folgende drei Dinge beachten: (vgl. ebd. S. 236)

1. Die Frage nach der Ausgestaltung der gesellschaftlichen Teilhabe muss vor dem Hintergrund der neoliberalen Krise des Wohlfahrtstaates, sozialer Ausgrenzungsprozesse und struktureller Arbeitslosigkeit diskutiert und erörtert werden.

2. Mit den aktuellen Dynamiken von internationaler und transnationaler Migration stellen sich auch neue Fragen von Diversität, Teilhabe und Zugehörigkeit.

3. Im Prozess der ökonomischen und politischen Globalisierung verschieben sich die Ebenen, auf welchen soziale, politische und kulturelle Rechte bereitgestellt werden.

Außerdem verändern sich die Machtverhältnisse und Kompetenzen zwischen supranationalen Institutionen, nationalen Regierungen sowie der lokalen Ebene (vgl. ebd.).

„Denn, wenn es um citizenship geht, muss man eben nicht unbedingt davon sprechen, was ′die MigrantInnen′ alles leisten sollen, um sich zu integrieren, und was ′wir′ ihnen vielleicht anbieten könnten, damit ′ihnen′ die Integration auch gelingt. Stattdessen fokussiert der Begriff auf die Frage nach Ein- und Ausschluss, auf den tatsächlichen Gehalt von Rechten, auf Teilhabe und

Partizipation und –nicht zu vergessen- auch auf das Recht, nicht zu partizipieren." (Lebuhn 2013, S. 236)

Betrachtet man nun den Versuch die MigrantInnen vom Zugang zu öffentlichen Ressourcen auszuschließen, dann ergibt sich, dass es sich hierbei um den Versuch einer Ethnisierung von Verteilungskonflikten zwischen Gesellschaftsklassen und auch innerhalb von Gesellschaftsklassen handelt. Damit wird Teilhabe zu einem Problem der Aneignung und Verteilung von gesellschaftlichen Ressourcen und ebenso zu einer Frage der sozialen Ungleichheit (vgl. ebd. S. 236f.).

<u>Lokale Dimension von Teilhaberechten</u>

Die Rahmenbedingungen für das alltägliche Leben werden zu einem Großteil auf lokaler Ebene geprägt und ausgehandelt. Ziel ist es die gesellschaftlichen Großprobleme, wie strukturelle Arbeitslosigkeit, Armut und Diskriminierung, auf der Nachbarschaftsebene zu lösen und zu bewältigen. Über die aktivierende Lokalpolitik sollen die Betroffenen befähigt und in die Lage versetzt werden, sich selbst zu helfen (vgl. ebd. S. 237f.).

„Dass die Frage von Teilhabepolitiken eine stark politische Dimension besitzt – bzw. diese vor dem Hintergrund der Verschiebung von

Machtverhältnissen zwischen unterschiedlichen politischen Ebenen und dem neoliberalen Rückzugs und Umbau des Zentralstaates mehr und mehr erhält -, spiegelt sich nicht zuletzt in den Ausdrücken local citizenship bzw. urban citizenship wider […]." (Lebuhn 2013, S. 238)

Hiermit ist nun eine „Stadtbürgerschaft" oder „Wohnbürgerschaft" (Lebuhn 2013, S. 238), welche im Sinne einer lokal-spezifischen Verankerung von Rechten und Pflichten, die Anerkennung kultureller Identitäten reguliert und konstruiert. Dies beinhaltet u.a. den Zugang zu öffentlichen Gütern, Diensten und Ressourcen (vgl. ebd.).

<u>Citizenship und soziale Kämpfe</u>

In den neueren Arbeiten zu Citizenship wird zunehmend auch immer wieder auf die Ungleichbehandlung von verschiedenen MigrantInnengruppen hingewiesen. Dabei ist vor allem die Unterscheidung zwischen eigenen StaatsbürgerInnen, EU-BürgerInnen sowie Drittstaatsangehörigen und die weiteren Abstufungen gemäß des jeweiligen Aufenthaltstitels zu nennen. Doch in diesen Ansätzen findet sich nur ganz selten eine kritische Theoretisierung des Rechts selbst, seiner Funktionen sowie der Konstitutionsbedingungen im Kontext der kapitalistischen und nationalistischen Politik.

> „Rechtlich kodifizierte Zugangsbedingungen zu
> öffentlichen und privaten Ressourcen und die ge-
> setzliche Regulierung von Arbeit, Bildung, Ge-
> sundheitsversorgung usw. lassen sich oft als Kon-
> flikte um die Verteilung des gesellschaftlichen
> Reichtums entschlüsseln." (Lebuhn 2013, S. 240)

Aus der Perspektive des Citizenship-Ansatzes sollte es um die Fragen kollektiver Interessen, sozialer Bewegungen sowie politischer Mobilisierungen gehen (vgl. Lebuhn 2013, S. 241).

<u>Fazit zu Citizenship</u>

Der Citizenship-Ansatz bildet für die kritische Migrationsforschung eine diskursive Herausforderung. Der Begriff besitzt einerseits das Potential die Perspektive von „Migration als Problem" zu verschieben und stattdessen die materiellen Ungleichheiten zwischen MigrantInnen und StaatsbürgerInnen in den Fokus zu rücken. Zentral ist dann dabei die Diskussion um die strukturellen Bedingungen der Teilhabe sowie des Ausschlusses am gesellschaftlichen Leben. Auf der anderen Seite ist dieser Begriff jedoch nicht unproblematisch, da er in seiner gängigen Version wichtige Dimensionen von Macht und Herrschaft ausblendet. Aus diesem Grund lässt sich auch der bürgerliche Rechtsbegriff nicht unmittelbar in die kritische Migrationsforschung übertragen (vgl. ebd. S. 241).

Die kritische Migrationsforschung ist nun herausgefordert eine Forschungsperspektive zu entwickeln, welche darauf abzielt „den normativen Rahmen des kapitalistisch verfassten Nationalstaates und seiner politischen und geografischen Grenzen in Frage zu stellen […]." (Lebuhn 2013, S. 242) Dies bedeutet, dass Migration jenseits der Prämissen von Migrationssteuerung und Integrationsdispositiv gedacht und konzipiert werden muss (vgl. ebd. S. 242).

> „In diesem Sinne muss kritische Migrationsforschung sich selbst und ihre Grundlagen stets reflektieren und immer auch eine Kritik der Migrationsforschung als Herrschaftswissenschaft leisten." (Lebuhn 2013, S. 242)

Wenn der Begriff „Citizenship" weiterentwickelt wird, dann hat er das Potential eine Brücke zwischen gesellschaftskritischen Ansätzen und Debatten zu schlagen und damit einen wichtigen Baustein der kritischen Migrationsforschung zu bilden (vgl. ebd. S. 243).

6. Funktionen von Politik – symbolische Politik

Nachfolgend wird der Ansatz von Murray Edelman dargestellt, welcher sich mit den Funktionen von Politik unter der Perspektive der Konstruktion von Wirklichkeiten beschäftigt. Edelman´s Politikbegriff ist geprägt vom Nebeneinander der politischen Inszenierung und der Wirklichkeit. Das Grundkonzept geht davon aus, dass die Erscheinungsweise sog. „symbolischer Politik" (Edelman) mit den zahlreichen Elementen wie politische Rhetorik, Mythenbildung, Ritualen, Personalisierung, Dramatisierung und Emotionalisierung, eine politische Vorderbühne schafft. Hinter dieser zeigen sich Handlungsunfähigkeit und Blockaden sowie auch versteckte Benachteiligung. Mit der Verwendung politischer Rituale findet eine Vereinfachung komplexer Sachverhalte statt und die Öffentlichkeit wird beschwichtigt, indem die Symbole sich zu dem entwickeln was die Massen glauben müssen, um unbesorgt sein zu können (vgl. Ratzka 2008, S. 15).

Im Rahmen von Interaktionsprozessen entstehen kulturelle Milieus sozialer Probleme zwischen den unterschiedlichen Akteuren und den Institutionen. Dies bildet das kommunikative Feld um Wissen, Werte, Normen und Affekte, welche wiederum mit den sozialen Problemen verbunden ist (vgl. ebd., S. 17).

Die politischen AkteurInnen konstituieren sich ihre Handlungsräume durch die Deutung von Situationen und möglichen Handlungszielen selbst, sodass politische Realitäten geschaffen werden (vgl. ebd., S. 31).

6.1 Symbolische Politik nach Murray Edelman

Die bisherigen Ausführungen und Analysen haben gezeigt, dass die Politik und damit die politischen Verantwortlichen (also die EntscheidungsträgerInnen bzw. EntscheiderInnen) zu den zentralen HauptakteurInnen in der Konstruktion des Flüchtlingsproblems im europäischen Raum gehören. Damit dies möglich ist, greift die Politik auf bestimmte Mechanismen und Strategien zurück. Im Nachfolgenden wird dargestellt, wie dies funktioniert.

> „Für die meisten von uns ist Politik eine Parade abstrakter Symbole, die wir aufgrund unserer Erfahrung als günstig oder ungünstig und praktisch allmächtig einstufen. Politische Entscheidungen können - für jedermann sichtbar - Wohlstand bringen, den Tod bedeuten oder auch den Verlust bzw. die Wiedererlangung der Freiheit. Die Politik verkörpert eine Welt mit starken ideologischen und

gefühlsmäßigen Assoziationen, und deshalb sind
politische Ereignisse willkommene Objekte, an denen man seine privaten Gefühle auslässt, insbesondere starke Ängste und große Hoffnungen."
(Edelman 2005, S. 4)

Die Allgegenwärtigkeit der Konstruktion sozialer und politischer Welten ist nicht leicht zu erkennen, da die Menschen
mit ihrem Alltagshandeln beschäftigt sind. Darüber hinaus
glauben wir in der Regel, dass Ereignisse für alle Beobachter gleich sind. Bei der Betrachtung gegenwärtiger oder vergangener Erscheinungen muss man sich immer wieder vor
Augen halten, dass keine von ihnen einfach so geschehen
ist oder eine objektiv festzumachende Bedeutung hat. Ihre
Bedeutungen sind Konstruktionen unserer Sprache und Situationen, und sie und wir werden fortwährend auf dieselbe Weise rekonstruiert (vgl. Edelman 2005, S. 4ff.).

Wenn die Regierungen und ihre VertreterInnen ihre ge-
troffenen Entscheidungen mit schönen und gut klingenden
Begriffen ummanteln und wenn PolitikerInnen die Bevölkerung mehr besänftigen als beteiligen, dann spricht man
heute ganz selbstverständlich von der sog. „symbolischen
Politik".

Im Jahr 1964 erschien das Buch „Politik als Ritual – Die symbolische Funktion staatlicher Institutionen und politischen

Handelns" (eng. Originaltitel „The Symbolic Uses of Politics") von Murray Edelman[19]. Das selbsterklärte Ziel des Buches ist es zu beschreiben, wie in den westlichen Demokratien Herrschaft konstruiert ist und ausgeübt wird. Damit zerstört Edelman den Mythos vom rationalen, gleichberechtigten Individuum in der Demokratie. Edelman zeigt auf, dass in modernen Demokratien Rituale und Mythen verwendet und auf welche Art und Weise Gefühle und Überzeugungen der BürgerInnen durch die Politik geformt und genutzt werden.

Für Edelman ist der „Quietismus" (Edelman 2005, S. 22), also vom englischen Wort quiet = still, einer der zentralen Begriffe in seiner Analyse. Mit diesem Ausdruck meint er das Stillstellen der Menschen und zwar insbesondere das der Benachteiligten in der Gesellschaft (vgl. ebd. S. 22ff.) Edelman beschreibt die politischen Mechanismen und Prozessen, intendiert und nichtintendiert, welche dazu beitragen, dass die Massen davon abgehalten werden, ihre eigenen Interessen gegenüber den Herrschenden durchzusetzen und konsequent zu artikulieren. Diese

---

[19] Geboren 1919 und gestorben 2001. Edelman studierte an der Bucknell University und an den Universitäten von Chicago und Illinois. Seit 1966 lehrte er Politische Wissenschaft an der University of Wisconsin-Madison.

subtilen Mittel der Politik beschreibt er als Rituale oder auch symbolische Politik. Damit bietet Edelman insgesamt eine Theorie der Herrschaft und zeigt gleichzeitig auf, wie eine andere Gesellschaft bzw. eine andere politische Ordnung aussehen kann.

Laut Edelman ist das Verhältnis vom Menschen zum Staat kompliziert, da der Staat auf der einen Seite Vergünstigungen und Vorteile ausgibt, aber auf der anderen Seite auch bedroht.

> „Einmal ist es ′unser Staat′, aber oft sind es auch ′die da oben′. Der Staat ist eine Abstraktion, doch in seinem Namen werden Menschen ins Gefängnis geworfen und kommen sie im Krieg um, in seinem Namen werden sie durch Rüstungsaufträge oder Lizenzen z.B. für die Erdölgewinnung reich." (Edelman 2005, S. 1)

Einerseits ist es die Eigenschaft politischer Formen eine Szenerie von Ausdrucksverhalten für die Massenöffentlichkeit zu sein und andererseits bestimmten Gruppen handfeste Vorteile zu gewähren. Ein gutes Beispiel sind für Edelman hierbei die Wahlen. Er stellt heraus, dass über die Wahlen den Menschen der Eindruck vermittelt wird, dass sie teilnehmen und dabei sein dürfen. Sie bekommen die Illusion, dass sie nun Gelegenheit haben ihre Unzufriedenheit oder auch ihre Begeisterung zu artikulieren. Doch bei genauerer Betrachtung zeigt sich, dass die Wahl ein *„ritueller Akt“* (Edelman 2005, S. 3) ist, welcher die Aufmerksamkeit auf die gemeinsamen sozialen Grundwerte lenkt und darauf, dass *„es wichtig und offenbar auch vernünftig ist, die eingeschlagene Politik zu unterstützen.“* (Edelman 2005, S. 3) Doch aus Studien ist bekannt, dass das Verhalten des Gesetzgebers und der Verwaltung nicht primär von Wahlergebnissen berührt wird (vgl. Edelman 2005, S. 2).

Ebenso haben auch die Behörden und Gerichten nicht nur eine ausführende Funktion bei der Durchführung ihres Gesetzgebungs- und Verfassungsauftrags. Dies ist eine Verzerrung, da auch sie politische Symbole darstellen.

> „Staatliches Handeln kann nur deshalb ein hohes Maß allgemeiner Billigung für die von den (Aufsichts-)Behörden symbolisierten Zielsetzungen herstellen, weil die Massenöffentlichkeit den Zielsetzungen selbst ambivalent gegenübersteht.“ (Edelman 2005, S. 47)

Die Bevölkerung zeigt auf der einen Seite Verständnis für die (Aufsichts-)Behörden und deren Notwendigkeit und andererseits steht sie diesen kritisch gegenüber, da auch ökonomische Gruppen mit selbstsüchtigen Motiven davon profitieren. Doch die (Aufsichts-)Behörde trägt mittels bindender Entscheidungen stets Sorge dafür, dass ein Ausgleich zwischen potentiellen Konfliktparteien stattfinden, da sich diese unter der Aufsicht der Behörde auseinandersetzen müssen. Damit tritt an die Stelle der Spannung und Ungewissheit, ein gewisses Maß an Eindeutigkeit, Klarheit, Vertrauen und Sicherheit. Bei einem Teil der Bevölkerung werden diese abstrakten Symbole, welche von den Behörden angeboten werden, zu einem stereotypen Ersatz für die eigenen Vorstellungen über fremde und eigene soziale Bedürfnisse (vgl. Edelman 2005, S. 48).

Als Beispiel nennt Edelman die Errichtung eines Verteidigungsministeriums im Jahr 1947 in den USA. Mithilfe dieser Einrichtung mit dem Namen „Verteidigung" haben das Ministerium selbst und der zuständige Verteidigungsminister eine große Zustimmung erhalten, da sich hierüber nun höherer Verteidigungshaushalte legitimieren und durchsetzen lassen. Diese Modalitäten des konkreten Verteilungsprozesses lenken nun wiederum den Fokus auf die allgemein eher anerkannte Funktion der Verteidigung, als auf die Begünstigung der organisierten Wirtschaftsinteressen (vgl. ebd. S. 49). Als Beispiele sind hier Logistik, Rüstungsfirmen sowie der Im- und Export von Waffen etc. zu nennen. Insbesondere für die Rüstungsfirmen bedeutet die Bewilligung des Haushaltes für das

Verteidigungsministerium viele lukrative Aufträge und hohe Profite. Doch aufgrund der öffentlichen Argumentation bleibt dies im Dunkeln. Damit erledigt das Verfahren einerseits die Vergabe von wichtigen Vorteilen. Andererseits rechtfertigt und legitimiert es diese Vorteile, da sie als notwendiges Mittel zur Befriedigung eines allgemeinen und öffentlichen Interesses dargestellt werden (vgl. Edelman 2005, S. 50).

Edelman fasst dieses Phänomen unter dem Begriff „administratives System als Symbol" (Edelman 2005, S. 37) zusammen, welche dazu die durch Symbole die eigentlichen politischen Prozesse zu verdecken. Die Struktur des administrativen Systems verhindert praktisch jede Möglichkeit, die verschiedenen symbolischen Zielwerte simultan zu erfassen und zwar als konkurrierende Ansprüche auf den Staatshaushalt. Fragen des politischen Vorgehens in einer Behörde werden in diesem Sinne, dann auch nur in Bezug auf den Zielwert bzw. den Auftrag der Behörde begründet und nicht auf den Sinn und den Wert des Auftrags selbst (vgl. ebd. S. 49f.).

Im Kern wendet sich Edelman gegen den naiven Objektivismus in der Politikwissenschaft, welcher wiederum die politischen Ereignisse nur zu ihrem Nennwert akzeptiert und damit den Symbolwert komplett vernachlässigt.

Stattdessen geht Edelman von einer Doppelung des politischen Systems aus. Damit stellt Edelman heraus, dass es das eine wirkliche politische System gar nicht gibt. Innerhalb des politischen Systems muss aus diesem Grund jede Handlung und jede Entscheidung zwar auf die objektiven Folgen, aber auch ebenso auf die subjektiven Kategorisierungen hin, überprüft werden (vgl. Edelmann 2005, S. VII). Edelman interpretiert die Politik nun in zweierlei Hinsicht. Erstens dient die Politik dazu die kollektiv verbindlichen Entscheidungen durchzusetzen. Zweitens fungiert Politik als eine Art Zuschauersport für die Masse der Bevölkerung. Für die Mehrheit der Bevölkerung spielt sich die Politik nur im Kopf ab, also als eine Flut von Bildern und Informationen aus den Zeitungen und anderen Medien. Diese Impressionen schaffen eine Welt, zu welcher die Massen niemals Zutritt haben werden. Doch sie dürfen diese bejubeln oder schmähen (vgl. ebd. S. 4).

> „Sie hören von Gesetzen, die verabschiedet werden, von fernen Machthabern, die eine Bedrohung darstellen oder Handelsabkommen anbieten, von Kriegen, die ausbrechen und wieder aufhören, von Bewerbern um Ämter, die es schaffen oder nicht schaffen, von Entscheidungen, durch die

unvorstellbare Summen für die Fahrt zum Mond verpulvert werden." (vgl. Edelman 2005, S. 4)

Damit beschreibt Edelman die Politik als „eine Parade abstrakter Symbole, die wir aufgrund unserer Erfahrung als günstig oder ungünstig und praktisch allmächtig einstufen." (Edelman 2005, S. 4) Politische Entscheidungen können, über die Medien für jeden sichtbar, Wohlstand bringen, den Verlust bzw. Wiedererlangung von Freiheit oder auch den Tod bedeuten. Damit verkörpert die Politik eine Welt mit starken gefühlsmäßigen und ideologischen Assoziationen, welche in die Welt des einzelnen Bürgers hineinwirken und Ängste oder auch Hoffnungen auslösen (vgl. ebd.).

Dies lässt sich an einem Beispiel zeigen:

> „Die Tätigkeit einer Aufsichtsbehörde gegen Wettbewerbsbeschränkungen führt objektiv zu mehr oder weniger gravierenden Einschränkungen der Kartellierungsmöglichkeiten in der Industrie; zusätzlich ist die Existenz einer solchen Behörde aber so etwas wie eine institutionalisierende Beteuerung, daß im Wirtschaftsleben alles mit rechten Dingen zugeht und weder der gewerbliche Mittelstand noch die Konsumenten einen Grund haben, sich übervorteilt zu fühlen." (Edelman S. VII-VIII)

Es lässt sich zusammenfassen, dass mit „symbolischer Politik" bei Edelman der falsche Schein, die bewusste Täuschung, eine Politik, die vortäuscht, Verschleierung, Verstellung, Übertünchung, Verdrängung sowie eine Politik als Unterhaltungsshow und als ästhetische Inszenierung, Medienspektakel und Massenmanipulation. Die symbolische Politik basiert aus dem strategischen Handeln von politischen Eliten, welche wiederum ein starkes Interesse an einer Intransparenz der wahren und eigentlichen politischen Prozesse haben. Die Politik ist in zwei Wirklichkeiten gespalten. Erstens ist die Wirklichkeit, welche für den/die BürgerInnen medial zugänglichen schönen Schein und zweitens die Wirklichkeit der sich im Stillen vollziehenden Interessenspolitiken. Die symbolische Politik steht nur dafür, dass eigentlich etwas anderes geschieht, als das was öffentlich zu sehen ist (vgl. ebd. S. 199).

Besonders deutlich werden die symbolische Politik und die Wahlrituale in Zeiten des Wahlkampfes. Die Wahlkämpfe werden zu Inszenierungen und es findet eine verstärkte Medialisierung der Politik statt. Zu diesem Zweck werden Wahlkampfmanager, Medienberater und Kommunikationsexperten engagiert und im Wahlkampf eingesetzt. Diese Inszenierung versperrt den Blick auf die Politikinhalte (vgl. ebd. S. 200).

„Nur was gut inszeniert ist, wird politisch belohnt,
nur gute Shows erhalten die Unterstützung der
Wähler und Wählerinnen." (Edelman 2005, S. 200)

Damit entsteht eine autonome Symbol-Welt, in welcher nun
der Kampf der Parteien ausgetragen wird. An die Stelle von
ideologischer Kohärenz und der Überzeugungskraft von
Parteiprogrammen bzw. politischen Forderungen, tritt die
Inszenierung selbst als das wahlentscheidende Produkt des
politischen Spiels (vgl. ebd.).

„Wer hier gewinnen will, muss die Qualität des
Politiktheaters verbessern – und kann dann auch
die Güte seiner Show selbstbewusst als Argument
in den Wahlkampf einbringen. Autonomisierung
des Symbolischen meint den Fortfall der Hinter-
welt des materiellen Politikgeschehens. Alles was
zählt ist der Schein, die Simulation, das Virtuelle.
Dahinter ist nichts." (Edelman 2005, S. 201)

Im Kern geht es Edelman um die Kritik des falschen Be-
wusstseins und nimmt sich damit auch der Mechanismen
und Medien der Manipulation an. Für Edelman sind soziale
Ungleichheiten und Aufrechterhaltung von Herrschaft sowie vor allem die Möglichkeit dies vergessen zu machen,
ein Skandal. Dieses Vergessen geschieht durch Begriffe,
Schlagworte, Erzählungen, Inszenierungen, Bilder und

Rituale. Dabei denkt Edelman ereignisbezogen und ihn interessieren die Ergebnisse der Politik und damit die Wirkungen der Politik auf die sozialen Verhältnisse (vgl. ebd.). Es lässt sich außerdem festhalten, dass Edelman statt Rationalität, die Banalität und Ritualisierung von Politik sieht. Damit ist für ihn Politik durchschaubar, vorhersagbar und schematisch, da zu bestimmten Anlässen immer die gleichen Sprachfiguren, Inszenierungen und Gesten auftauchen und zwar unabhängig von der parteipolitischen Färbung der gerade aktiv Regierenden. In diesem Sinne halten die Debatten, Prüfverfahren, Auseinandersetzungen, Verhandlungen und Kompromissbildungen mit ihrem Anspruch auf Rationalität den Schein einer vermeintlich pluralistischen Demokratie aufrecht (vgl. ebd. S. 206).

<u>Bezug zum Flüchtlingsproblem:</u>

In der Flüchtlingspolitik gibt es einen Machtkampf, über welchen jedoch in der Politik offensichtlich getäuscht wird. Es geht um die Frage der Definitionsmacht und den Auswirkungen, welche diese mit sich bringt. Dabei wird die Angst zum zentralen Handlungsmotiv. Dies bedeutet im Umkehrschluss, dass es mehr sicherheitspolitische Maßnahmen braucht, sodass die Abwehr gegenüber Flüchtlingen gestärkt wird.

Die Politik in Europa ist komplex und unterstützt damit den Eindruck von Fremdheit und Undurchschaubarkeit bei der breiten Masse. Die Folge hiervon sind Verunsicherung, Angst und Furcht bei den BürgerInnen und deren Wunsch überschaubare Wirklichkeiten präsentiert zu bekommen – also einfache Erklärungen für komplexe Zusammenhänge, klare Zuweisungen der Rolle von Gut und Böse und eine schnelle Bewältigung möglicher Bedrohungen durch die Eliten und politischen FührerInnen.

Damit liegt die Besonderheit des politischen Symbolismus in dessen Fähigkeit die Verunsicherung zu überwinden und wieder Sicherheit zu geben.

Flüchtlinge kommen nach Europa und es entsteht bei der der Bevölkerung ein „ungutes Gefühl" aufgrund der Fremdheit und des Neuen. Bestehende Strukturen werden gesprengt und die Neuankömmlinge verhalten sich anders, als man es bisher gewohnt war. Dies führt dann zu einem Gefühl der Angst und der Verunsicherung mit der Forderung an die Politik dies zu beseitigen. Die Politik reagiert mit der klaren Kategorisierung in wenige gute und gewollte Flüchtlinge und viele Flüchtlinge, welche als SozialschmarotzerInnen herkommen und die europäischen Staaten ausbeuten wollen. Diese Symbolisierung von ZuwanderInnen verdeckt die Tatsache, dass Migration zur

Menschheitsgeschichte ganz natürlich dazu gehört und schon immer Normalität war.

Die Politik reagiert mit strengeren Gesetzen und verstärkt die Abwehrmechanismen gegenüber Flüchtlingen innerhalb und an den Grenzen von Europa. Dieses Handeln findet in der Bevölkerung Rückhalt und Zustimmung, da die Politik wieder Sicherheit und die gewünschte klare Einteilung in Gut und Böse gibt.

6.2 Symbolische Politik bei Groenemeyer

Durch die aktive Mobilisierung für spezifische Problemdeutungen (z.B. im Rahmen von symbolischer Politik) können die Handlungsflexibilität sowie die Ressourcen des politischen Systems gesichert werden (vgl. Groenemeyer et. al. 2012, S. 121).

> „Soziale Probleme bieten so die Möglichkeit einer strategischen Nutzung durch die Institutionen des politischen Systems. In diesem Sinne ist der Staat keineswegs nur Adressant für gesellschaftliche Ansprüche und Problemlösungen, sondern die Institutionen des politischen Systems treten als aktive Produzenten der Problematisierung und spezifischer Problemdeutungen auf." (Groenemeyer et. al. 2012, S. 121f.)

Über die aktive Mobilisierung der Öffentlichkeit für bestimmte Themen ist es möglich die Dringlichkeit der Bearbeitung eines sozialen Problems gezielt hervorzuheben und somit auch die eigene Kompetenz für politische Problembearbeitungen bzw. –lösungen zu verdeutlichen und damit die eigene Legitimation zu schaffen. Dies ist u.a. ein zentrales Muster in Wahlkämpfen und bei der allgemeinen Erzeugung von Legitimation und Anerkennung für das Handeln von politischen Institutionen (vgl. Groenemeyer et. al. 2012, S. 122).

Dadurch, dass soziale Probleme aus der Sicht der Organisationen des politischen Systems gar nicht dazu gedacht sind, gelöst zu werden, eröffnet sich das Feld für verschiedene Formen von symbolischer Politik (Edelman). Politik ist dazu da um Macht zu erstreben und möglichst zu erhalten und hat immer mit Macht, Herrschaft und Konflikten zu tun (vgl. Groenemeyer et. al. 2012, S. 122).

Soziale Probleme sind nun wiederum Gegenstand von Konflikten im politischen System, da es um die Mobilisierung für bestimmte Problemdeutungen und –kategorien geht. Inhaltlich sind es Entscheidungen über die Verteilung von Ressourcen und Maßnahmen zur Kontrolle, sowie die Kontrolle und Steuerung von Zuständigkeiten und Einfluss (vgl. Groenemeyer et. al. 2012, S. 122).

Symbolische Politik und die symbolische Bedeutung von Politik

Das Konzept der „Symbolischen Politik" nach Murray Edelman (1977) beinhaltet, dass die Politik nicht darauf abzielt soziale Probleme zu lösen, sondern mithilfe der Manipulation von Symbolen eher darauf ausgelegt ist, dass „etwas getan" wird (vgl. Groenemeyer et. al. 2012, S. 174). Im Politikbegriff von Murray Edelman zeigt sich ein Nebeneinander von politischer Inszenierung und Wirklichkeit hin zu einer charakteristischen Strukturbestimmung des Politischen. Dabei zeigt er als die Realität des Politischen seine Doppelung bzw. Brechung von zwei Realitäten auf. Diese sind einerseits Machtkampf und andererseits die Täuschung über den Machtmacht bzw. Nachricht und Deutung, strategische Rationalität und symbolische Mystifikation. In seinem Grundkonzept geht Edelman von der Erscheinungsweise symbolischer Politik aus, welche sich zahlreicher Elemente wie Rhetorik, Mythenbildung, Ritualen, Personalisierungen, Dramatisierungen und Emotionalisierungen bedient. Ziel ist die Schaffung einer politischen Vorderbühne, hinter welcher sich dann wiederum politische Handlungsfähigkeit, Blockaden, versteckte Benachteiligung von allgemeinen Interessen verbergen lässt. Weiterhin hilft die Verwendung politischer Rituale dabei, komplexe Sachverhalte zu vereinfachen und die Öffentlichkeit ggf. zu beruhigen. Insgesamt gesehen ist Politik ein Nebeneinander von Inszenierung und Wirklichkeit (vgl. Groenemeyer et. al. 2012, S. 174).

> „Symbolische Politik zielt nicht nur auf das Benennen eines politischen Sachverhalts; bei dem Einsatz symbolischer Mittel geht es auch um die Benennungs- und Deutungsmacht, also um die Durchsetzung einer bestimmten Perspektive sozialer Probleme." (Groenemeyer et. al. 2012, S. 174)

Symbolische Politik verfügt über zwei zentrale Konnotationen: (vgl. Groenemeyer et. al. 2012, S. 174f.)

1. Die Verschleierung wirklicher Absichten und Interessen der politischen Akteure. Dies geschieht durch die Täuschung der Realität über Sprache, Bilder und Symbole.

2. Unterscheidung von „talk" und „action". Die symbolische Politik täuscht vor, dass etwas getan wird und dabei bleibt die Politik auf der symbolischen Ebene und ohne faktischen Handlungsbezug.

„Symbolische Politik steht für falschen Schein, bewusste Täuschung eine Politik des ʹAls-obʹ, für Placebopolitik, Verschleierung, Verstellung. Übertünchung, Verdrängung, für Politik als Unterhaltungsshow, als ästhetische Inszenierung, als Medienspektakel und Massenmanipulation." (Nullmeier 2005, S. 199)

Dies führt Nullmeier weiter aus, indem er schreibt:

> „Durch Konzentration auf Wahlkämpfe und deren immer perfektere Inszenierung kam es aber sowohl auf Seiten der Wissenschaft wie auf Seiten der Öffentlichkeit zu der Vorstellung verselbstständigter, autonom gewordener symbolischer Politik. Fasziniert von der Kraft der Inszenierungen verlor sich der Bezug zu den Politikinhalten endgültig. Die Show steht in dieser Sichtweise nicht mehr im Dienste der Verhüllung, sie ist eine Politikrealität sui generis. Ihr ist nicht länger die Beziehung zu materiellen Politiken immanent, sie steht für sich. Entsprechend werden an symbolische Politik nun eigene Maßstäbe angelegt: Nur was gut inszeniert ist, wird politisch belohnt, nur gute Shows erhalten noch die Unterstützung der Wähler und Wählerinnen. Eine autonome politische Symbol-Welt entsteht, in der der Parteienkampf ausgetragen wird. Statt ideologischer Kohärenz und der Überzeugungskraft von Parteiprogrammen oder politischen Forderungspakten sind nun die Inszenierungen selbst das wahlentscheidende

Produkt des politischen Spiels" (Nullmeier 2005, S. 200)

Die symbolische Wirkung geht über Bilder, Sprache und ebenso über materielle Formen der Politik. Hierzu zählen insbesondere institutionelle Arrangements und rechtliche Verfahren, welche Muster zur Verteilung von materiellen Ressourcen darstellen. Gleichzeitig kommt diesen auch eine Funktion zur Herstellung symbolischer Ordnung zu (vgl. Groenemeyer et. al. 2012, S. 176).

Abschließend lässt sich Folgendes festhalten:

> „Ein wichtiger Aspekt ist hierbei z. B. auch die mit der Institutionalisierung von Problembearbeitungen verbundene Etablierung von Normalitätsstandards und Zumutbarkeitsgrenzen in den administrativen Regelungen und Gesetzen, die dann wiederum die Basis für die Konstruktion und Mobilisierung neuer sozialer Probleme darstellen können." (Groenemeyer et. al. 2012, S. 176)

Weiterhin lässt sich als Fazit festhalten, dass faktisch ein Regieren durch soziale Probleme und unter Verwendung der symbolischen Politik stattfindet.

7. Zur Konstruktion des Flüchtlingsproblems – zentrale Ergebnisse der Analyse

Nachfolgend werden die zentralen Ergebnisse der bisherigen Analyse dargestellt, sodass deutlich und erkennbar wird, wie das vermeintliche soziale Problem „Flüchtlinge" entsteht. Im Fokus steht hierbei der Diskurs über die Flüchtlinge und welche Auswirkungen dieser hat.

Der Diskursbegriff von Michel Foucault ist im Schnittfeld des Verhältnisses von Wissen, Macht und Subjektkonstitution angesiedelt. Dabei bestehen Diskurse nun im Wesentlichen aus Aussagen bzw. Statements, welche in einem veränderlichen System der Wiederholungen und Ähnlichkeiten verbunden sind. Damit sind alle in einem weiteren Sinne verstandenen Prozesse und Zusammenhänge gemeint, welche mit Bedeutung versehen sind oder Bedeutung erzeugen. Dies können auch neben den gesprochenen Aussagen, Bilder, Gesten oder institutionelle Abläufe etc. sein. Da Diskurse in komplexer Art und Weise mit Institutionen verbunden sind, konstituieren sich als materielle Wirklichkeit (vgl. Mecheril 2004, S. 43f.).

Allgemein lässt sich sagen, dass der Begriff Diskurs den Fluss von Wissen über etwas bezeichnet und in Diskursen

Wissen über einen Gegenstand prozessiert wird (z.B. der Diskurs über Menschenrechte und Flüchtlinge). Dabei wird der Gegenstand des Diskurses im Diskurs und vom Diskurs selbst hervorgebracht (vgl. Mecheril 2004, S. 43f.).

> „Das diskursive Wissen ist eines, das soziale Wirklichkeiten […] schafft, also Zusammenhänge zur Folge hat, die das Handeln von Menschen ermöglichen und verhindern. […] Diskurse erzeugen Gegenstände und zugleich erzeugen sie uns, die Wissenden, diejenigen, die aufgrund des Gebrauchs ihres Wissens und aufgrund des Gebrauchs, den das Wissen von ihnen macht, zu dem werden was sie sind. Der Diskurs ist insofern doppelt produktiv." (Mecheril 2004, S. 44)

7.1 Diskursanalyse – Was ist ein Diskurs?

Versteht man Diskurse als Machtphänomene, so zeigt sich, dass diese sich in Machtverhältnissen ereignen und zugleich Machtverhältnisse selbst produzieren (vgl. Mecheril 2004, S. 44).

> „Unter Machtverhältnissen können hier Zusammenhänge verstanden werden, in denen Einzelne, aber auch Institutionen und diskursive Praktiken sich so auf ein Gegenüber beziehen, dass dieser

Bezug Einfluss auf Möglichkeiten des Handelns, in konstituierender, restringierender, negierender oder bestärkender Weise nimmt." (Mecheril 2004, S. 44f.)

Daran anschließend versteht Foucault Macht als eine konstitutive Dimension des Sozialen und des Symbolischen, da Macht subjektkonstituierend wirkt und aus Individuen Subjekte macht. Der Diskurs als System, in welchem die Macht zirkuliert, schafft differenzielle Handlungsmöglichkeiten und produziert ggf. Dominanzverhältnisse (vgl. Mecheril 2004, S. 45)

> „Diskurse über Andere machen die Anderen zu dem was sie sind, und produzieren zugleich Nicht-Andere." (Mecheril 2004, S. 45)

In diesem Sinne können die Auseinandersetzungen über die symbolischen Grenzen und die ethno-kulturelle Zugehörigkeit als diskursive Prozesse verstanden und kenntlich gemacht werden. Dabei sind diese Zugehörigkeitsdiskurse machtvoll und produktiv, da die individuelle Zugehörigkeit immer von den Strukturen abhängt, welche dem Einzelnen vorgegeben sind (vgl. Mecheril 2004, S. 46).

In diesem Sinne ist Zugehörigkeit keine autonome Entscheidung, sondern wird im Rahmen von

überindividuellen Zugehörigkeitswirklichkeiten konkretisiert und strukturiert (vgl. Mecheril 2004, S. 46).

> „Eine zentrale Dimension solcher Vorgaben sind
> politische, gesellschaftliche und innersubjektive
> wissensbegründete Vorstellungen etwa darüber,
> was Zugehörigkeit ist, wer zugehörig sein darf,
> welche Rechte und Pflichten mit Zugehörigkeit
> einhergehen, wie Loyalitätsbrüche sanktioniert
> werden oder in welcher Weise über Zugehörig-
> keitsansprüche verhandelt und entschieden
> wird." (Mecheril 2004, S. 46)

In diesem Kontext gilt der Flüchtling im Diskurs als der Andere, der Nicht-Normale, der Fremde und somit derjenige,
welcher vom Normaltyp abweicht. Im Diskurs geht es um
die Differenz zwischen der Normalität, also der natio-
ethno-kulturellen Zugehörigkeit, und der Abweichung,
also dem Flüchtling mit dem anderen Nationalpass.

7.2 Die Konstruktion – Doing Social Problems
im Kontext von Flüchtlingen

Der Ausdruck „Doing Social Problems" betont den interak-
tiven Charakter einer künstlichen Konstruktion sowie die
Kontextabhängigkeit. In diesem Sinne ist Doing Social

Problems in Bezug auf das Flüchtlingsproblem zu verstehen.

Die Analyse der europäischen Gesetzgebung hat gezeigt, dass es eine gezielte Konstruktion der sozialen Gruppe und damit des Sozialen Problems „Flüchtlinge" gibt. Die gesetzlichen Konstruktionen sorgen dafür, dass Menschen, welche nach Europa geflüchtet sind, als die künstliche Gruppe von „Flüchtlingen" konstruiert wird. Diese soziale Gruppe bzw. die künstliche Konstruktion dieser Gruppe und des Problems „Flüchtlinge", wird dann zur Projektionsfläche von Hass und Ablehnung und dient als Vorwand um bestehende Herrschafts- und Machtverhältnisse zu etablieren und aufrecht zu erhalten.

Wenn es Flüchtlingsberatungsstellen, die Genfer Flüchtlingskonvention, ein Menschenrecht auf Asyl und viele weitere europäische gesetzliche Regelungen zum Thema „Flüchtlinge" gibt, dann gibt es auch ein soziales Problem „Flüchtlinge". Und damit wird deutlich, dass es nicht einfach Menschen sind, die Ihren Wohnort verlassen, sondern mit dem Zeitpunkt des Verlassens des eigenen Landes werden sie zugehörig zu der sozialen Gruppe „Flüchtlinge". Damit werden die Menschen Teil einer weltumspannenden sozialen Konstruktion, welche darauf abzielt, diese Gruppe von Menschen mit Eigenschaften zu etikettieren und (zumeist negative) Zuschreibungen vorzunehmen. Dabei findet diese Zuschreibung niemals aus der Gruppe selbst heraus statt, sondern wird von außen an die Menschen herangetragen.

In Europa werden Flüchtlinge und Asylsuchende als Menschen zweiter Klasse behandelt. Es werden ihnen negative Eigenschaften zugeschrieben, ohne dass dies der Wahrheit entspricht (Kriminalität, Sozialschmarotzer, religiöse Fanatiker etc.). Vor allem auf gesetzlicher Ebene ist klar, und zwar unabhängig vom eigenen Empfingen, definiert und festgeschrieben, wer zu der sozialen Gruppe „Flüchtlinge" gehört. Dies lässt sich anhand des Sonderrechts für Flüchtling ein Europa deutlich zeigen. Für Asylsuchende und Flüchtlinge gelten andere Gesetze und andere Mindeststandards als für „europäische BügerInnen". Am Ende entscheiden immer der Nationalpass und die Staatsangehörigkeit über die Partizipationschancen in Europa.

Dabei ist eine klare Trennlinie zwischen Mehrheitsgesellschaft und dieser Minderheit zu erkennen. Selbst nach Jahren in Europa gelten sie noch als Fremde und werden dementsprechend so behandelt. Weiterhin müssen sie ein Leben lang Angst haben, dass sie wieder ihren sicheren Status in Europa verlieren (z.B. aufgrund von Kriminalität etc.).

In Europa ist der Gedanke des Nationalstaats tief verankert und führt dazu, dass Staaten definieren können, wer dazu gehört und wer auch nicht. So sind Flüchtlinge immer „die anderen" und werden stets als Bedrohung wahrgenommen, welche es abzuwehren gilt. Gleichzeitig ist die Konstruktion der Gruppe „Flüchtlinge" innerhalb der Länder gewollt und Flüchtlinge werden damit zur Projektionsfläche von Aggression und Rassismus innerhalb der Gesellschaft. Dies trägt zum Machterhalt der bestehenden Strukturen bei. Dieser Logik der Abschreckung und der Nationalstaatsideologie mit eigenen „Bürgern" ist es zu verdanken, dass Flüchtlingen in Europa die Integration weitestgehend untersagt bleibt. Sie waren „Fremde" als sie kamen und bleiben es, damit man sie so schnell wie möglich wieder zurückschieben kann.

Die nationalen Grenzen, Nationalität und der Nationalpass sind künstliche Konstrukte und spiegeln Machtverhältnisse wieder da sie Ausschluss produzieren. Der Status „Flüchtling/Asylsuchender" ist eine künstliche Konstruktion und produziert Ausschluss durch die Einteilung dahingehend wer dazu gehört und wer nicht. Gleichzeitig ist die Konstruktion der Gruppe „Flüchtlinge" innerhalb der Länder gewollt und Flüchtlinge werden damit zur Projektionsfläche von Aggression und Rassismus innerhalb der

Gesellschaft. Dies trägt zum Machterhalt der bestehenden Strukturen bei.

Der Konflikt um die Flüchtlingsproblematik ist ein Konflikt um Macht und Machtverhältnisse - Wer entscheidet wer bleiben darf und wer wieder gehen muss? Welcher Flüchtling ist es „wert" in Europa zu bleiben? So sind Flüchtlinge immer „die anderen" und werden stets als Bedrohung wahrgenommen, welche es abzuwehren gilt.

Die vermeintlichen Konflikte sind normale zwischenmenschliche Konflikte um Kultur, Habitus und Lebensweise – Das Stigma "Flüchtling" ist nur Vorwand um eine Machtebene von drinnen und draußen zu kreieren. Doch der Diskurs um die Flüchtlingsproblematik wird aufgrund von Sicherheitsaspekten und der Angst vor etwas Fremden (siehe Kapitel „Das Eigene und das Fremde") geführt. Mit der Begegnung mit dem Fremden scheint die eigene Identität infrage gestellt.

Nachfolgend wird der Ansatz und die vorherigen Ausführungen von Axel Groenemeyer und dem „Doing Social Problems" noch einmal explizit und zusammenfassend auf das Flüchtlingsproblem in Europa übertragen.

Ziel ist es die Kernpunkte im Verlauf dieser Konstruktion herauszuarbeiten und zu analysieren.

Dass bestimmte gesellschaftliche Bedingungen, z.B. Flüchtlinge in Deutschland, oder individuelle Verhaltensweisen problematisch sind, ist keineswegs unmittelbar evident. Zumindest werden sie gesellschaftlich erst dann relevant, wenn sie öffentlich als problematisch thematisiert werden. Das Gemeinsame an sozialen Problemen ist es, dass sie gesellschaftlich als problematisch und veränderbar interpretiert und so zum Gegenstand von öffentlichen und politischen Debatten werden (Groenemeyer 2012, S. 18).

Soziale Probleme stellen also gesellschaftliche Konstruktionen dar, und die Soziologie sozialer Probleme hat die Frage zu bearbeiten, wie und unter welchen Bedingungen bestimmte Sachverhalte, Konditionen oder Verhaltensweisen in der Gesellschaft problematisiert, d.h. zu sozialen Problemen gemacht worden sind und gemacht werden (Groenemeyer 2012, S. 18).

In dem konstruktivistischen Programm des Analyse sozialer Probleme geht es in erster Linie um die Analyse von Aktivitäten, Strategien und Prozesse, über die individuelle, kollektive oder kooperative Akteure es schaffen, gesellschaftliche Bedingungen oder Verhaltensweisen öffentlich als problematisch zu konstruieren und bestimmte Charakterisierungen des Problems zu verbreiten. Soziale Probleme werden demnach nicht als evident problematische

Bedingungen oder Verhaltensweisen aufgefasst, die einen Schaden verursachen oder gegen Moral und Normen verstoßen, sondern als (rhetorische) Strategien der öffentlichen Erhebung von Ansprüchen (Claimsmaking-Activities) (Groenemeyer 2012, S. 18f.).

<u>Felder der Problematisierung des sozialen Problems „Flüchtlinge" (nach Axel Groenemeyer):</u>

Claimsmaking:	konservative und nationalistisch-gesinnte Politiker, rechte Gruppierungen, Einzelpersonen mit einer ablehnenden Haltung gegenüber Flüchtlingen, insgesamt die europäische Gesellschaft, „Stammtischparolen", europäische Gesellschaft als „Geschädigte"
Media Coverage:	In den Medien finden sich überwiegend negative Beispiele von Flüchtlingen, in der

Public Relations:

Regel wenn es um kriminelle Flüchtlinge geht. Positive Beispiele von Flüchtlingen finden sich selten bis gar nicht. Flucht wird als unnatürlich dargestellt. Konservative Medien, Skandalisierungen und Dramatisierungen Statistiken zur Kriminalität und (angeblicher) Anstieg der Zuwanderung, insgesamt Dramatisierung und Erzeugung des „typischen Bildes von Flüchtlingen"

Policy Making:

politische Anstrengungen zur Abwehr von Flüchtlingen, Verschärfungen der rechtlichen Regelungen, Politik bestimmt die öffentliche

	negative Debatte über Flüchtlinge
Social Problems Work:	Das soziale Problem „Flüchtlinge" wird ausgebreitet und ausführlich analysiert und bearbeitet
Policy Outcomes:	Die Deutungsmuster werden festgelegt und den Flüchtlingen werden negative Eigenschaften zugeschrieben.
Doing Social Problems:	Eigentümer sind Politik, Rechtsanwälte, Richter, Gerichte, Medizin, nur zu einem kleinen Teil die Soziale Arbeit (welche jedoch kaum Einfluss hat)

Claimsmaking	Öffentlicher Diskurs	Policy Making	Social Problems Work
• Soziale Bewegungen	• Diskursstrategien	• Einfluss	• Profession
• Professionelle	• Deutungsmuster	• Organisationslogik	• Organisationslogik
• Moralunternehmer	• Mobilisierung	• pol. Gelegenheiten	• Interaktion
• Verbände	• Medienwirkung	• Wahlen	• Fallkonstruktion
• Interessengruppen	• Medicalization	• Implementation	• Diagnosen
• Betroffene	• Punitivität	• Governance	• Problemzuschreibung
• Massenmedien	• Public Attention	• Politics/Polity	• Stigmatisierung
• Wissenschaft	• Agenda Setting	• Deutungsmuster	• Prävention
		• pol. Agenda-Setting	• Intervention

vgl. Groenemeyer 1999, S. 22, eigene Darstellung

<u>Rahmenbedingungen und Kontexte des Doing Social Problems</u>

→ Deutungsmuster in Öffentlichkeit und Medien

→ Institutionen der Problemarbeit

→ Kodifizierte Normen, Recht und Kategorien

→ Professionelle Regeln und Deutungsmuster

→ Organisationsformen, Ressourcen, organisatorisches Netzwerk

→ Politischer Kontext

→ Klientel & Adressaten

→ Wissenschaft

Die Soziale Arbeit muss sich der Herausforderung stellen, Subjekte jenseits des institutionellen Blicks zu sehen, was vor allem impliziert, mit den institutionellen Problemdefinitionen und Normalitätsunterstellungen zu brechen.

Für die Soziale Arbeit insgesamt ist das grundlegende Dilemma bedeutsam, dass soziale Leistungen an Bedingungen geknüpft sind, welche den Subjekten zumuten, moralisierende und degradierende Merkmalszuschreibungen als Voraussetzungen dafür aufzugreifen.

7.3 Das Kokonmodell von Michael Schetsche

Nachfolgend wird ergänzend zum Ansatz des Doing Social Problems (Axel Groenemeyer), das sog. „Kokonmodell sozialer Probleme" von Michael Schetsche vorgestellt, erläutert und auf das Flüchtlingsproblem übertragen.

In seinem wissenssoziologischen Programm entwickelte Michael Schetsche das „Kokonmodell sozialer Probleme", welches durch eine analytische Unterscheidung zwischen sozialen Sachverhalten sowie deren Deutung als Problem und dem Prozess, in welchem diese Deutung soziale Anerkennung erhält, sich konstituiert (vgl. Schetsche 2008, S. 42ff.).

Damit greift er auf konstruktivistische Ansätze zurück und arbeitet heraus, dass die eigentlichen sozialen Konflikte durch eine Kokon-Problembehandlung verdeckt werden.

Schetsche beginnt seine Ausführungen mit der Darstellung der Problemkarriere. Diese startet damit, dass eine Problematisierung eines bereits in der Gesellschaft bekannten oder neu zu konstatierendem Sachverhalt stattfindet. Hieran anschließend formulieren kollektive Akteure das Problemmuster, sodass eine öffentliche Problemwahrnehmung gebildet wird. Findet diese gesellschaftlichen Anklang und hat Erfolg, nehmen sich sozialstaatliche Instanzen dieser Problematik an und tragen zu einer gesteigerten Problemwahrnehmung bei. Diese wird ideell weiterverbreitet, um sich dann faktisch immer wieder zu reproduzieren (vgl. Schetsche 2008, S. 43).

Schetsche entwickelt in seinem Analyseprogramm drei Bedingungen sozialer Sachverhalte, welche zuvor diese Problemkarriere bereits durchlaufen haben: (Schetsche 2008, S. 49)

1. Der betreffende Sachverhalt ist nach der dominierenden Werteordnung der Gesellschaft negativ zu bewerten und damit unerwünscht.

2. Es existieren Geschädigte oder Benachteiligte, die an ihrer Lage zumindest teilweise schuldlos sind.

3. Abhilfe oder wenigstens Linderung von Not ist im Rahmen der bestehenden Sozialordnung möglich und ethisch auch erstrebenswert.

Die Problemkarrieren

Für die Erklärung eines Problems entwickelte Schetsche (2008) sein sog. „Kokonmodell". Damit folgt er der konstruktivistischen Tradition des „konsensualen Kerns", welcher eine vergleichende Analyse der unterschiedlichen Deutungen in den gemeinsamen Punkten gegenüberstellt. Der zweite elementare Punkt ist das „Wissens-Netz", welches den Sachverhalt „einspinnt" und die Problemwahrnehmung nicht mehr auf den Sachverhalt selbst, sondern auf den sog. „Kokon" gerichtet wird (vgl. Schetsche 2008, S. 49).

> „Das Kokonmodell beschreibt soziale Probleme also als primär symbolischen Prozess der gesellschaftlichen Durchsetzung einer Problemwahrnehmung." (Schetsche 2008, 49)

Das Modell von Schetsche besteht aus einzelnen Schritten, welche zur Entstehung eines sozialen Problems führen. Nachfolgend wird der Versuch unternommen, das Modell auf das „Problem" Flüchtlinge zu übertragen.

Die *Problemkarriere* ist eine zeitliche Abfolge eines sozialen Problems. Dabei beginnt diese in der Regel mit der ersten (fach-)öffentlichen Thematisierung durch den sog. primären Akteur (zumeist wissenschaftliche Experten, Advokaten oder soziale Bewegungen), oftmals in den Medien der

Fachöffentlichkeit bzw. der Bewegungsöffentlichkeit (zunehmend auch im Internet). Dabei hat der primäre Akteur nun eine besondere Definitionsmacht, da er gleich zu Beginn mit dem von ihm verbreiteten Problemmuster festlegen kann, welche gesellschaftlichen Gruppen für die Bearbeitung des Problems zuständig sind und welche Bekämpfungsstrategien wohl den meisten Erfolg versprechen könnten. Daraus hin durchläuft das Problem dann mehrere Karrierephasen, an deren Ende die Formulierung und Durchführung von Bekämpfungsprogrammen sowie weiterhin die Etablierung von Praxisformen stehen. In diesen wird das Problem dann wiederum reproduziert. Ziel ist es, dass das Problem als gesellschaftliches Faktum wahrgenommen wird und sich dann fortlaufend als soziale Realität bewährt (vgl. Schetsche 2008, S. 51).

Zu Beginn des Modells stehen die *Sachverhalte*, welche in Form einer Komparatistik, der in der Gesellschaft prozessierten Wissensbestände untersucht werden. Ein vom Akteur benannter und thematisierter Sachverhalt kann bspw. gesellschaftlich akzeptiert sein. Dabei kann nun die Schnittmenge von allen gesellschaftlich vorgefundenen Beschreibungen dieses Sachverhalts größer oder kleiner sein.

Es folgen die *kollektiven Akteure*, also die Personen oder Gruppen, welche das Problem erkennen. Sie sind eine Gruppe von Personen mit gemeinsamen Motiven, Zielen und Handlungsstrategien, die ein Problemmuster formulieren (primärer Akteur) oder sich daran beteiligen. Diese Akteure lassen sich nach Schetsche in fünf Typen unterscheiden: (vgl. Schetsche 2008, 51)

- Aktiv Betroffene,
- Advokaten,
- Experten,
- Politische und ideologische Problemnutzer und
- Soziale Bewegungen

Eine Unterscheidung ist daher wichtig, da manche Details zur Problemwahrnehmung (z.B. Bekämpfungsstrategien) vom jeweiligen Akteur abhängen.

Das *Problemmuster* steht im Zentrum der „phänomenologischen Rekonstruktion jedes sozialen Problems." (Schetsche 2008, S. 52) Das *Problemmuster* wiederum ist dadurch charakterisiert, dass es einem Sachverhalt die bereits von den *primären Akteuren* formulierten Eigenschaften zuschreibt (z.B. Verstoß gegen das ethisch-moralische Wertesystem).

Diese fließen in die *Problemdeutungen* mit ein (vgl. Schetsche 2008, 52).

Jedes Problemmuster besteht aus sieben Elementen: (Schetsche 2008, S. 53)

1. Problemname
2. Erkennungsschema
3. Problembeschreibung
4. Bewertung
5. Generelle Bekämpfungsvorschläge
6. Konkrete Handlungsanleitungen
7. Affektive Bestandteile

Dem folgen die *Diskursstrategien*, welche von den *Akteuren* gemeinsam mit den *Problemmustern* entwickelt werden bzw. nach der Formulierung dieser eingesetzt werden und von denen der Erfolg der Problemwahrnehmung abhängt. Diese Strategien können beispielsweise die Verwendung einer „dramatisierenden Statistik" sein (vgl. ebd. S. 52). Hierbei spielen auch die Emotionen eine große Rolle:

> „Emotionalisierung lässt die Subjekte ein Problemmuster schneller und nachhaltiger akzeptieren, es gelangt in das Alltagsbewusstsein und kann tagtäglich in der Wahrnehmung wie im Handeln reproduziert werden." (Schetsche 2008, 53).

Dies geschieht nicht nur durch die *Massenmedien,* sondern bereits durch die Fachöffentlichkeit (vgl. ebd.).

Die *Massenmedien* verbreiten dann die Problemdefinition und auch die zuvor gesammelten Erkenntnisse. Heute gibt es neben den Massenmedien, die Netzwerkmedien (Soziale Netzwerke bzw. Internet allgemein), welche bei der Verbreitung ebenso eine Rolle spielen. Das politisch-administrative System richtet sich bei der Bearbeitung der Problemlagen in der Regel nach der öffentlichen Aufmerksamkeit, welche einem Problem zukommt. Die *Massenmedien* entziehen die Verfügungsgewalt den ursprünglichen *Akteuren* und formulieren und gestalten die Problemwahrnehmung gemäß der Eigengesetzlichkeit des Mediensystems aus, sodass möglichst hohe Einschaltquoten bzw. Verkaufszahlen erreicht werden. (vgl. ebd. S. 53f.).

Im nächsten Schritt nimmt die *Bevölkerung,* falls der Einsatz der Massenmedien gelingt, das Problem im Alltag wahr und handelt im *„Fall des Falles entsprechend der in das Problemmuster integrierten Handlungsanleitung"* (Schetsche 2008, 54). Damit werden dann Alltagssituationen kollektiv und individuell gemäß den Vorgaben vom Problemmuster definiert und gestaltet, sobald dieses ausreichend soziale Anerkennung erlangt hat. Ziel ist es, dass die Individuen auch

gemäß der Handlungsanleitungen des Problemmusters reagieren und handeln (vgl. ebd. S. 54).

Die *staatlichen Instanzen* sind in der Regel die primären AdressatInnen für Forderungen nach Hilfe für die Betroffenen
sowie für Maßnahmen zur grundlegenden Lösung des
Problems. Es folgen Prozesse der Institutionalisierung des
Problems und das Augenmerk der Massenmedien ver-
schiebt sich nun auf die Handlungen der staatlichen Instanzen bezüglich des Problems. Dabei ist der Einsatz verschiedener Ressourcen (z.B. Geld, Information, Recht etc.) zur
Problembekämpfung von der Art des Problems und vom
politischen Willen der entscheidenden Instanzen abhängig
(vgl. Schetsche 2008, 54).

Wenn die Thematisierung eines Problems kollektiv in Be-
kämpfungsmaßnahmen und durch individuelles Handeln
der Subjekte reproduziert wird, dann wird das Problem
zum *gesellschaftlich fraglos anerkannten sozialen Problem*. Somit wird die Problemwahrnehmung zur „einzig wahren"
sozialen Realität. Der ursprüngliche Sachverhalt lässt sich
nun nicht mehr wahrnehmen und verschwindet in einem
Wahrnehmungsgeflecht (Kokon). Damit erzeugt das erfolgreiche Problemmuster einen Wahrnehmungskokon, welche
den Sachverhalt umgibt und einspinnt, sodass er unsichtbar
wird. Am Ende ist der Sachverhalt sogar bezüglich seiner

225

Erkennbarkeit mit der Problemwahrnehmung identisch geworden. Damit steht am Ende der Ersatz objektiver Sachverhalte durch diskursiv erzeigte symbolische Formen (vgl. Schetsche 2008, 55).

Zusammenfassend lässt sich sagen, dass die Kokon-Problembehandlung führt dazu, dass die eigentlichen Konflikte verdeckt werden. Stattdessen Es finden sich nur noch Zuschreibungen statt objektiver Sachverhalte. Ebenso lässt sich festhalten, dass die Problemkarrieren den öffentlichen Diskurs bestimmen.

<u>Das Analyseprogramm nach Schetsche (2008, S. 49):</u>

1. Der betreffende Sachverhalt ist nach der dominierenden Werteordnung der Gesellschaft negativ zu bewerten und damit unerwünscht.

   ➢ Verstärkte Zuwanderung nach Europa (z.B. insbesondere aus den „neuen EU-Oststaaten Rumänien, Bulgarien etc.) bzw. nach Europa

2. Es existieren Geschädigte oder Benachteiligt, die an ihrer Lage zumindest teilweise schuldlos sind.

   ➢ Die europäische Gesellschaft tritt als Geschädigte in Erscheinung

3. Abhilfe oder wenigstens Linderung von Not ist im Rahmen der bestehenden Sozialordnung möglich und ethisch auch erstrebenswert.

➢ Rechtliche Regeln werden verschärft, illegale Einreise nach Europa, Ausweisungen und Abschiebungen der Flüchtlinge, Kriminalisierung der Fluchtsituation insgesamt, Schlepper als böse Menschen, welche nur den eigenen Profit suchen.

<u>Das Modell im Einzelnen bezogen auf Flüchtlinge in Europa:</u>

1. Problemkarriere

   Flüchtlinge werden als Nicht-Bestandteil der Gesellschaft aufgefasst und ihr Aufenthalt in Europa ist unerwünscht. Primäre Akteure sind hierbei rechts-orientierte und nationalistisch-gesinnte PolitikerInnen sowie konservative Medien, welche dies unterstützen. Es findet eine starke Individualisierung statt und die eigentlichen Probleme (Konflikte im Herkunftsland, Machtstrukturen in Europa, Menschenrechte etc.) werden im Sinne des Kokonmodells verdeckt.

2. Sachverhalte

   Menschen kommen nach Europa um hier Schutz vor Verfolgung zu suchen – Dies wird gedeutet als „Zuwanderung in die Sozialsysteme" und „Armutsmigration"

3. Kollektive Akteure

In diesem Fall sind es vorwiegend rechts-orientierte und nationalistische-gesinnte PolitikerInnen, welche die Zuwanderung ablehnen.

4. Problemmuster

Die Fluchtsituation insgesamt wird kriminalisiert und Machtstrukturen etabliert. Dies geschieht über die Definition wer dazu gehört und hier bleiben darf und wer nicht dazu gehört und wieder gehen muss. Hier steht im Fokus das Konstrukt der Nationalität und der nationalen Grenzen.

5. Diskursstrategien

Dramatisierende Statistiken vermitteln den Eindruck, dass die Zuwanderung völlig grundlos und ganz plötzlich sprunghaft angestiegen ist. Bemerkenswert ist, dass der Diskurs über die Flüchtlinge und nicht mit ihnen gemeinsam geführt wird. Mit den Diskursen soll Angst vor Zuwanderung gestärkt werden und negative Emotionen verstärkt sodass die ablehnende Haltung Konsens wird.

6. Massenmedien

Konservative Massenmedien liefern Negativbeispiele über Flüchtlinge und verstärken die Kriminalisierung dieser Gruppe.

7. Bevölkerung

Die Bevölkerung nimmt das Problem „Flücht-linge" im Alltag wahr und begegnet diesem unter Umständen mit Alltags-Rassismus und Stammtischparolen.

8. Staatliche Instanzen

Der Staat stellt nur ein Mindestmaß an Ressourcen für die Flüchtlinge zur Verfügung und verschärft die rechtlichen Bedingungen, sodass mehr Abwehr stattfinden kann.

8. Bezug zur Sozialen Arbeit

Wenn sich die Soziale Arbeit als relevante Handlungswissenschaft mit einem kritischen Verständnis selbst begreift und versteht, dann kann sie bei den Flüchtlingen nicht wegschauen.

In der aktuellen europäischen Situation stellt sich zurecht die Frage, wo der Aufschrei und der Protest der professionellen SozialarbeiterInnen zu diesem Thema bleibt. Jeden Tag sterben Menschen im Mittelmeer und an anderen Außengrenzen der Europäischen Union. Innerhalb der Staatengemeinschaft sind Menschenrechtsverletzungen, restriktive Asylrechtseinschränkungen und Menschenrechtsverstöße bei der ärztlichen Versorgung, der

Unterbringung in Massenquartieren und bei den Verfahrensrechten, im Alltag präsent. Und auch für Soziale Arbeit sind eigene schlechte Arbeitsbedingungen mit viel zu geringen Personalstellen standardisiert worden, sodass die Mindeststandards der pädagogischen Professionalität nicht mehr gewährleistet werden kann. Dies betrifft u.a. den Schutz der körperlichen, psychischen, kognitiven, rechtlichen und sozialen Integrität der KlientInnen (vgl. Burzlaff & Eifler 2015, S. 2f.).

In Bezug auf Flüchtlinge scheitert die Demokratie in Europa in großem Ausmaß. Flüchtlingen wird verweigert, dass sie selbst ein Recht auf Rechte haben und diese durchsetzen können. Dabei impliziert bereits die Allgemeine Erklärung der Menschenrechte, dass jede Person das Recht hat als rechtsfähig anerkannt zu werden. Dieses fundamentale „Recht auf Rechte" (nach Hannah Arendt) wird den Flüchtlingen verwehrt (vgl. ebd.)

Die Europäische Union gibt sich an ihren Außengrenzen alle Mühe, diese möglichst effektiv zu schützen, sodass die europäischen Staaten gegenüber der unerwünschten Zuwanderung von Asylsuchenden geschützt sind. Zentrales Instrument zur Verteidigung dieser „Festung Europa" ist dabei die Grenzschutzagentur „FRONTEX", dessen erklärtes Ziel es ist, Grenzen statt Menschen zu schützen. Dies geschieht mit allen zur Verfügung stehenden Mitteln: Waffen, Zäune, Schläge, Tränengas, Gummigeschossen etc. (vgl. ebd. S. 3f.).

Auch wenn die Berichterstattung über das tägliche Sterben von Flüchtlingen im Mittelmeer zunimmt und auch qualitativ besser geworden ist, so bleibt es doch ein Zustand, der nicht akzeptiert werden kann. Das Leiden und der Tod tausender Flüchtlinge durch Ertrinken, Ersticken, Erschöpfung, Verdursten oder Ähnlichem sind nicht etwa „Drama", „Tragödie" oder „Schicksal". Es ist das kalkulierte menschenverachtende Risiko von der europäischen Politik und die Konsequenz dessen, dass dieses aktiv verwaltet, finanziert und praktiziert wird (vgl. ebd. S. 4f.).

In Bezug auf die Asylpolitik der europäischen Staaten, insbesondere Deutschland, ist zu sagen, dass seit mehreren Jahrzehnten eine stetige Verschärfung und keinerlei Erleichterung umgesetzt wurde. Dies resultiert aus dem politischen Willen zur Abwehr von Flüchtlingen und zur Vermeidung von Zuwanderung.

<u>Die Aufgabe der Sozialen Arbeit</u>

> „Denn wenn eine überwiegend auf Abwehr und Kontrolle zielende Politik diskursive und kulturelle Konsequenzen zur Folge hat, in der Migration im Allgemeinen, Zuflucht und Asyl im

Besonderen, vornehmlich in Verbindung mit Armut und Kriminalität gebracht und damit wiederum Nichtzugehörigkeiten konstruiert werden [...], dann ergibt sich bereits aufgrund dieser Stigmatisierungs- sowie Ausgrenzungsmechanismen eine offenkundige Verpflichtung Sozialer Arbeit." (Burzlaff & Eifler 2015, S . 6)

Insbesondere die kritische und konfliktorientierte Soziale Arbeit, hat zur Aufgabe Machtverhältnisse, inkl. den eigenen Positionierungen, immer wieder kritisch zu hinterfragen und zu beleuchten.

> „Wenn wir des Weiteren anerkennen, dass im Zuge einer rassistischen und diskriminierende gesellschaftlichen Grundhaltung bzw. Akzeptanz einzelne Menschen(gruppen) etikettiert sowie hierarchisiert werden, dann lassen sich weitere Parallelen erkennen: Sowohl zu rassistischen, (post)kolonialistischen als auch zu nationalsozialistischen Paradigmen. Wenn letztlich diese Menschen in Verfolgerstaaten deportiert werden, dann kommen wir kaum umhin, nationalsozialistische Bezüge auszumachen." (Burzlaff & Eifler 2015, S. 7)

Wenn wir nun diesem kritischen und konfliktorientierten Professionsverständnis folgen, dann ergibt sich, dass der aktuelle politisch initiierte und medial gestützte Mechanismus der Ausgrenzungen nicht unbeachtet bleiben können. Durch die Konstruktion und vermeintliche Zugehörigkeit zu einer bestimmten sozialen Gruppe kommt es zu einer Entwertung des Subjekts und Menschenleben werden nicht geschützt, sondern dem Schutz der „Festung Europa" geopfert. Es zeigt sich im alltäglichen Flüchtlingsdiskurs, dass nur derjenige über Rechte verfügen darf, der auch sozial anerkannt ist.

Die Soziale Arbeit muss in ihrem Handeln dahingehend intervenieren, dass die elementaren Menschen- und Grundrechte für alle, und damit auch für Flüchtlinge und Asylsuchende, gelten. Dieses Verständnis, dem Prinzip der sozialen Gerechtigkeit und der Menschenrechte verpflichtet zu sein, fordert alle AkteuerInnen in der Sozialen Arbeit heraus auch politisch aktiv und sichtbar zu werden. Weiterhin sollten die sozialen Protestbewegungen aktiv unterstützt werden, welche genau diese Prinzipien einfordern. Soziale Arbeit darf nicht dazu dienen die Symptome zu bekämpfen, sodass Menschen funktionalisiert und normalisiert werden, wie es momentan in der neoliberalen

Gesellschaft der Fall ist. Stattdessen muss ein Umdenken erfolgen. Es gilt alternative Handlungs- und Interaktionsmuster zu entdecken, zu entwickeln und umzusetzen (vgl. Burzlaff & Eifler 2015, S. 8). Wie diese konkret aussehen, muss Inhalt weiterführender Studien zu diesem Thema sein.

> „Sozialarbeitende sind folglich dazu aufgerufen, sich (auch öffentlich) zu vereinigen, zu positionieren, auf Missstände aufmerksam zu machen und für gerechte(re) gesellschaftliche Verhältnisse einzutreten - so wie es insbesondere innerhalb der Kritischen Sozialen Arbeit als elementarer Wert dieser Profession verstanden wird." (Burzlaff & Eifler 2015, S. 8)

<u>Fazit zur Konfliktorientierung</u>

Ebenso muss sich die Soziale Arbeit gegen die traditionellen Problemdefinitionen und gegen die Normalitätsunterstellungen wenden, auch wenn damit das Dilemma, dass Sozialleistungen und andere unterstützende staatliche Hilfen immer an die spezifischen Merkmalszuschreibungen im Rahmen von Sozialer Probleme geknüpft ist, nicht gelöst werden kann.

Weiterhin muss es Ziel der Sozialen Arbeit sein, die Utopie einer Gesellschaft ohne Herrschaft als wünschens- und erstrebenswert aufrecht zu halten und im Alltag zu etablieren. Dabei muss die Solidarität unter Menschen, welche Grenzen, Nationalstaaten und Nationalpässe überwindet und als künstliche Konstrukte entblößt, handlungsleitend sein. Grundlage hierfür sind solidarische Bedingungen, welche menschliches Handeln ermöglichen und nicht begrenzen.

Der konfliktorientierte Ansatz in der Sozialen Arbeit nimmt die Normalisierungsarbeit den KlientInnen in den Fokus und kritisiert dies. Dabei stellt die Konfliktorientierung den Gegensatz zur „Soziale-Probleme-Perspektive" dar. In dieser werden die Probleme nicht mehr hinterfragt, da es ein objektivistischer Ansatz ist, welcher davon ausgeht, dass die Gesellschaft grundlegend in Ordnung ist. Es lassen sich nun Problemgruppen und die Mitglieder dieser Gruppen als Störungen identifizieren, welche es abzuwehren und zu normalisieren gilt. Die Probleme werden entpolitisiert und die Ursachen werden bei den Individuen gesucht und es erfolgt keine Analyse von Macht und Herrschaft innerhalb der Gesellschaft. Die Konflikte werden unsichtbar, enteignet und entpolitisiert.

Die Konflikttheorie hingegen versteht sich selbst als Gesellschaftskritik, da sie die Gesellschaft insgesamt als soziales Konfliktverhältnis und von Konflikten durchdrungen begreift und wahrnimmt. Dabei stehen die Subjekte in der Konfrontation mit Institutionen und anderen Subjekten, sodass diese Auseinandersetzungen im Fokus stehen. Ziel der Konfliktperspektive ist die Emanzipation der Subjekte.

Zusammenfassend lässt sich sagen, dass die konflikttheoretische Perspektive zu einer Kritik an der Soziale-Probleme-Perspektive führt und dabei das Konzept des „Doing Social Problems" (Groenemeyer) Anwendung findet. Weiterhin führt diese Perspektive zur Analyse der Entstehung von Sozialen Probleme. Dabei stehen die Fragen nach Macht und Herrschaft innerhalb der Gesellschaft und deren gesellschaftlichen AkteurInnen mit ihren spezifischen Ressourcen und der jeweiligen Öffentlichkeit, im Fokus.

<u>Kritische Soziale Arbeit</u>

Das Selbstverständnis der Sozialen Arbeit ist es nicht die vorgefundene Praxis Sozialer Arbeit besser zu machen oder zu optimieren, sondern stellt ein Unterfangen dar, welches die Kritik als einen Moment der Diskontinuität, also eine Durchbrechung der Kontinuität im Rahmen der Sozialen Arbeit, begreift. Dabei bemessen sich die Notwendigkeit und der Nutzen einer kritischen Sozialen Arbeit als Wissenschaft, nicht in erster Linie an ihrem konstruktiven und produktiven Beitrag zu einer gelingendereren Praxis (vgl. Anhorn et.al. 2012, S. 7).

236

„Die Funktion der ´Unterbrechung´ einer gegebenen Praxis Sozialer Arbeit durch kritische Reflexion ist insofern ´negativ´ bestimmt, als sie auf eine grundsätzliche Problematisierung von Macht- und Herrschaftsverhältnissen gerichtet ist, d.h. auf gesellschaftlich erzeugte Unterdrückungs-, Ausbeutungs- und Ausschließungsverhältnisse, auf ungerechtfertigte Beschränkungen kollektiver und individueller Selbstbestimmungsmöglichkeiten, auf Mechanismen der Disziplinierung und Normalisierung etc." (Anhorn et. al. 2012, S. 7)

Die kritische Soziale Arbeit als Wissenschaft versagt sich dabei der Forderung nach dem unmittelbaren Praktischwerden und der direkten konkreten Umsetzung in der Praxis, da dies dem theoriegeleiteten Anliegen der Kritik nicht entspricht (vgl. Anhorn et.al. 2012, S. 7f.).

Ziel ist eine kritisch-reflexive Analyse der theoretischen Grundannahmen der praktischen Sozialen Arbeit sowie des Begriffsinventars und deren praktischen Implikationen (vgl. Anhorn et.al. 2012, S. 7).

Damit zeichnet sich nun eine kritische Soziale Arbeit durch folgende Eigenschaften aus:

- Hinterfragen des Offensichtlichen
- Kontextunabhängigkeit

- Bedingungslosigkeit als Voraussetzung

- Es gibt Subjekte der Kritik

- Es gilt Widersprüche sichtbar zu machen und zu benennen, auch wenn diese nicht aufgelöst werden können

- Selbstbezüglichkeit – die Kritik bezieht sich immer auch wieder auf die Kritik selbst

- Wissenschaftliche Kritik ist anders als politische Kritik – und trotzdem sind sie miteinander verbunden

- Eine politische Kritikhaltung lässt sich nicht einfach eine wissenschaftliche Kritikhaltung übersetzen

In der kritischen Sozialen Arbeit bleibt es konstitutiv, dass der historische Verlauf des Ganzen ein treibendes Motiv und zugleich Fundament der Kritik ist. Die kritische Soziale Arbeit ist stets auf das Ganze ausgelegt und intentioniert (vgl. Anhorn et.al. 2012, S. 13).

<u>Bezug zu Flüchtlingen</u>

Doch in Bezug auf die Arbeit mit Menschen, welche flüchten mussten, zeigt sich bislang die Soziale Arbeit wenig kritisch. Stattdessen übernimmt die Soziale Arbeit die vorgegebenen Definitionen und wird Teil des Systems. Damit trägt sie zur Aufrechterhaltung der bestehenden Macht-

und Herrschaftsstrukturen bei und bleibt selbst abhängig von der Politik, welche ihr die Gelder jeweils bewilligt oder verweigert.

Dies alles führt zu einem pädagogisierten, entpolitisierten und therapeutisierten Diskurs um „Flüchtlinge". Die Soziale Arbeit schafft es nicht als Akteur im Feld eigene Definitionen und Sichtweisen durchzusetzen.

9. Fazit

Nachfolgend wird jeweils ein Fazit für die wichtigsten untersuchten und analysierten Themen dieses Buches gezogen und kurz dargestellt

9.1 Fazit zu den Konstruktionen von Flüchtlingen

Die Allgegenwärtigkeit der Konstruktion sozialer und politischer Welten ist nicht leicht zu erkennen, da die Menschen mit ihrem Alltagshandeln beschäftigt sind. Darüber hinaus glauben die Menschen in der Regel, dass Ereignisse für alle Beobachter gleich sind. Bei der Betrachtung gegenwärtiger oder vergangener Erscheinungen, muss man sich immer wieder vor Augen halten, daß keine von ihnen einfach so geschehen ist oder eine objektiv festzumachende

Bedeutung hat. Ihre Bedeutungen sind Konstruktionen unserer Sprache und Situationen, und sie und wir werden fortwährend auf dieselbe Weise rekonstruiert.

Als Fazit lässt sich festhalten, dass es stets einen Konflikt um die Definition von sozialen Problemen gibt. Innerhalb dieses Konfliktfeldes finden die Prozesse zur Konstruktion der sozialen Probleme statt. Weiterhin gibt es Konflikte um die richtigen Bearbeitungsformen dieser sozialen Probleme. Anschließend an Gusfield lässt sich die Metapher des Eigentums für die sozialen Probleme verwenden. Er spricht von Eigentümern von sozialen Problemen, welche die Aufgabe haben die Probleme dann auch zu bearbeiten (vgl. Groenemeyer 1999, S. 33).

In der Sozialen Arbeit zeigt sich, dass die Soziale Arbeit selber in der Regel nicht Eigentümer dieser Probleme ist. Stattdessen greift sie die Problemdefinitionen nur auf und rekonstruiert diese. Als Beispiel sind Kriminalität oder auch Probleme in der Familie zu nennen.

1. Fazit zu Vorurteilen und Diskriminierung

Für die Entstehung, Ausbildung und Beibehaltung von Vorurteilen und diskriminierenden Einstellungen und Verhaltensweisen gibt es keine einfachen Erklärungen. Es handelt sich um ein komplexes Phänomen und entsprechend zahlreich sind die Einflussfaktoren auf unterschiedlichen

240

Ebenen. Auch individuelle psychische und soziale Strukturen müssen mitbedacht werden.

Ebenso stellt auch die Beobachtung einer zunehmenden
Normalitätsverschiebung hinsichtlich der Artikulation von
abwertenden Einstellungen gegenüber gesellschaftlich
schwachen Gruppen sich im Rahmen von Interventions-
und Präventionsprogrammen als wesentlich dar. Hierbei
spielen insbesondere die theoretischen und symbolischen
Formen des politischen, öffentlichen und medialen Diskurses eine wichtige Rolle. An die Stelle einer ereignisabhängi-
gen Auseinandersetzung mit menschenfeindlichen Ent-
wicklungen in der Gesellschaft, muss eine auf Dauer
angelegte öffentliche Auseinandersetzung treten (vgl.
Legge und Mansel 2012, S. 539).

2. Fazit zur Analyse der Konstruktion des europäischen
Flüchtlingsproblems

Dieses Buch hat zum Ziel darzustellen, wie die Gruppe von
Flüchtlingen bzw. das Flüchtlingsproblem selbst, auf
Grundlage der europäischen Gesetzgebung, der europäischen Politik sowie im gesellschaftlichen Diskurs konstruiert und dargestellt wird. Weiterhin zeigt der Hauptteil der
Arbeit auf, welche Akteure mit welchen Mitteln ein Interesse an der bewussten und künstlichen Konstruktion

haben und welche eigentlichen Konflikte hierdurch verdeckt und außer Acht gelassen werden.

Um dieses Ziel nun weiter zu verfolgen, bedarf es weiterer Forschung und weiterführender Analysen. Diese müssen darauf abzielen, im Sinne einer kritischen Forschungsperspektive, die Subjekte jenseits des institutionellen Blicks zu sehen und somit mehr zu leisten, als es die juristische Definition von Flüchtlingen vermag. Eine Analyse der konkreten diskursiven Praktiken innerhalb der Sozialen Arbeit mit Flüchtlingen, kann darüber Aufschluss geben, „in welchen Situationen und unter welchen Bedingungen ein prinzipiell an Partizipation und Emanzipation ausgerichtetes professionelles Handeln in Entmächtigungen, Herabwürdigungen und Ausschließungen umschlagen kann." (Anhorn & Stehr 2012, S. 73)

Dabei bedarf es einer Forschung, welche eben der vorgelegten Analyse institutioneller Praktiken, verstärkt auch die Lebenssituation der AdressatInnen sowie deren Handlungsstrategien in der Bearbeitung dieser alltäglichen Ausschließungsprozesse. Ziel muss es sein, die AdressatInnen als aktiv handelnde Subjekte zu begreifen und zu sehen. Diese Subjektperspektive muss die unmittelbare und alltägliche Lebens- bzw. Konflikt- und Ausschließungssituation der AdressatInnen zum Ausgangspunkt nehmen. Dabei muss/müssen nun die Lebenssituation(en) der AdressatInnen ebenso auf die Institutionen bezogen werden, welche die Konflikte und Ausschließungen produzieren und reproduzieren. Mit dieser kritischen Lebensweltforschung lässt sich eine Forschungsperspektive entwickeln, welche im Sinne einer Nutzungsforschung die AdressatInnen als Subjekte mit den Einrichtungen der Sozialen Einrichtungen zusammenbringt. Zielführend ist dabei die Frage, unter welchen Bedingungen die Soziale Arbeit zur Bewältigung der Ausschlusssituationen beitragen kann und welche Mittel dafür im konkreten Fall zur Verfügung stehen (vgl. ebd. S. 73f.).

Welche konkreten Forschungsmethoden und welche Forschungssituationen selbst hierfür geeignet wären, muss dann im konkreten Fall entschieden werden. In jedem Fall müssen im Forschungsprozess der eigene Beitrag und die eigene Forschung reflektiert und daraufhin untersucht werden, inwiefern dies wiederum selbst zu einem Ausschluss führt und die AdressatInnen wiederum, trotz bester Absichten, zu Objekten von Deutungsspezialisten macht (vgl. ebd. S. 74).

3. Fazit zur Situation von Flüchtlingen in Europa

Asyl wird den Menschen zugebilligt, welchen in ihren Heimatländern ungerechte Strafen, Haft oder auch Gefahr für

Leib und Leben drohen. Diesen verfolgten Menschen ein zeitweises Asyl oder auch eine neue Heimat zu bieten, ist eine Frage der zentralen Menschenrechte, der Mitmenschlichkeit und des Anstands. Wer dieser Aussage widerspricht oder gar dagegen handelt, der katapultiert sich selbst aus der Gemeinschaft unserer Grundwerte.

Bei der Betrachtung der Situation von Flüchtlingen in Europa wird deutlich, dass es sich um eine heterogene Gruppe von Menschen aus aller Welt handelt. Ihnen ist gemeinsam, dass sie vor Gewalt, Verfolgung und Unterdrückung aus ihrem Heimatland geflohen sind, um in Europa Schutz zu suchen. Doch statt dem erhofften Schutz erwartet sie hier ein System der Kontrolle und Ablehnung. Obwohl das Recht Asyl zu suchen und zu genießen in der Allgemeinen Erklärung der Menschenrechte verankert ist, zeigt sich bei genauerer Betrachtung, dass dies nur eine Utopie ist. Die Flüchtlinge dürfen zwar in Europa bleiben, sind aber in vielerlei Hinsicht vom alltäglichen gesellschaftlichen Leben ausgeschlossen. Hinzu kommt die schwierige und oft langwierige Verarbeitung der erlebten traumatischen Ereignisse.

Das europäische Asylsystem und die europäischen Gesetze sind nicht in der Lage, die Probleme in den Heimatländern der Menschen hier in Europa zu lösen und aufzufangen.

Anstatt, dass immer mehr Gesetze zur Abschottung und zum Ausbau der europäischen Festung beschlossen werden, sollten sich auch die europäischen Staaten und die Wertegemeinschaft fragen, wie ein sinnvollerer und besserer Umgang mit der Situation von Flüchtlingen möglich ist.

4. Grenzenlose Welt – Eine realistische Utopie?

Was würde es für uns bedeuten, wenn wir „Flüchtlinge", auch die sog. „Wirtschaftsflüchtlinge", als Menschen begreifen, die aus verschiedensten Gründen ihren Wohnort wechseln müssen. Wenn wir das Sterben im Mittelmeer und sonst wo auf der Flucht wirklich verhindern wollen, müssen wir uns Gedanken um die Utopie einer grenzenlosen Welt machen. Wie würde eine Welt ohne die künstlichen Konstrukte von Nationalität und Staatsbürgerschaft wohl aussehen? Wie können wir dann den weltweiten Reichtum gerecht verteilen, sodass nicht mehr wenige viel und viele zu wenig haben?

Ein Ansatz in dieser Utopie wäre, dass wir einen Shuttle-Service zwischen Nordafrika und Europa einrichten und dann alle Menschen nach einem gerechten und transparenten Schlüssel auf die europäischen Länder aufteilen. Dabei müssen auch die Wünsche der Flüchtlinge berücksichtigt werden. Dann hätten wir eine gerechtere und bessere Welt

– ohne, dass Menschen auf der Flucht sterben müssen und wir uns als Europa abschotten.

Meiner Meinung nach lohnt es sich diese Utopie zu denken und zu reflektieren. Kein Mensch hat seinen Geburtsort bewusst gewählt oder gar freiwillig ausgesucht. Dementsprechend hat auch niemand gewählt, dass er in einem reichen europäischen Land oder einem ausgebeuteten und vom Bürgerkrieg zerstörten Land der sogenannten „Dritten Welt" geboren wurde. Der Geburtsort ist Zufall, Schicksal oder Gottes Fügung – je nachdem wie man dies bezeichnen möchte.

<u>Asyl als Zuschreibung</u>

> „Frontex ist damit zwar, wie Karl Kopp von Pro Asyl resümiert, nicht an allem Schuld und die Kritik macht sich nicht an der Agentur selbst fest. Frontex ist indes ´Ausdruck einer verfehlten europäischen Flüchtlingspolitik´ deren koordinierte Verantwortungslosigkeit sich auch in Form des immer wieder entemotionalisierten, technischen Verweises auf eine jeweils andere verantwortliche Instanz wiederspiegelt: ´Die politischen Inhalte geh´n mich nichts an´, meint zum Beispiel der Frontex-Koordinator der Operation ´Indalo´; ´Ich bin kein politischer Beamte. Ich setze um, was

Menschen mit politischer Verantwortung mir sagen', so der Leiter des 'Referats Ausländerrecht' vom Bundesministerium des Inneren Christian Klos, er habe eben 'technische Fragen' zu klären.“ (Burzlaff & Eifler 2015, S. 4)

9.2 Ausblick und weitere Forschungsfragen

Die Soziale Arbeit muss sich der Herausforderung stellen, Subjekte jenseits des institutionellen Blicks zu sehen, was vor allem impliziert, mit den institutionellen Problemdefinitionen und Normalitätsunterstellungen zu brechen.

Für die Soziale Arbeit insgesamt ist das grundlegende Dilemma bedeutsam, dass soziale Leistungen an Bedingungen geknüpft sind, welche den Subjekten zumuten, moralisierende und degradierende Merkmalszuschreibungen als Voraussetzungen dafür aufzugreifen.

Eine Gesellschaft ohne Herrschaft, z.B. Grenzen, Nationalität etc., ist wünschenswert und erstrebenswert. Hierzu bedarf es eines anderen Verständnisses des Miteinanders. Wir brauchen ein gesellschaftliches Miteinander, welches von Solidarität anstatt von Macht, Herrschaft und institutionellem Ausschluss und Diskriminierung geprägt ist. Es müssen solidarische Bedingungen geschaffen werden.

Vom Grundprinzip her ist der Mensch weder gut noch böse. Stattdessen verhält er sich in unmenschlichen Situationen unmenschlich und in menschlichen Situationen wiederum durchaus menschlich.

Das Flüchtlingsproblem ist kein Problem zwischen „den Flüchtlingen" und der Gesellschaft. Stattdessen sind die Flüchtlinge bereits faktischer Bestandteil der weltweiten solidarischen Gemeinschaft und die vermeintlichen Konflikte sind normale zwischenmenschliche Konflikte, welche unabhängig von den künstlichen Konstrukten Rasse, Nationalität, Aufenthaltsstatus etc. auftreten.

Die Analyse und die Dekonstruktion des sozialen Problems „Flüchtlinge" auf europäischer Ebene hat gezeigt, dass der Hauptakteur in diesem Feld die Politik ist und somit die vorhandenen Macht- und Herrschaftsverhältnisse sind.

Dies wirft die Frage auf, wie eine alternative und an den Bedürfnissen der Menschen, welche fliehen müssen, ausgerichtete Flüchtlingspolitik aussehen kann. Weiterhin stellt sich die Frage wie sich die Soziale Arbeit positionieren kann um der Entpolitisierung, der Therapeutisierung sowie der Pädagogisierung im Umgang mit den Flüchtlingen entgegen zu wirken.

Des Weiteren bedarf es einer selbstkritischen Betrachtung der eigenen Rolle der Sozialen Arbeit als Eigentümer von sozialen Problemen.

Abschließend ist auch noch zu fragen, wie der Raum der Freiheit, der Sicherheit und des Rechts erweitert und verbessert werden kann, sodass alle Menschen hiervon profitieren können. Was würde wirklich geschehen, wenn Europa offene und legale Wege der Einreise schafft und Flüchtlinge ggf. neu angesiedelt werden?

Abkürzungsverzeichnis

Abb.	Abbildung
Abs.	Absatz
Art.	Artikel
ALG II	Arbeitslosengeld II
AsylblG	Asylbewerberleistungsgesetz
AsylVfG	Asylverfahrensgesetz
AufenthG	Aufenthaltsgesetz
AufenthV	Aufenthaltsverordnung
BAföG	Bundesgesetz über individuelle Förderung der Ausbildung (Bundesausbildungsförderungsgesetz)
BAMF linge	Bundesamt für Migration und Flücht-
BGB	Bürgerliches Gesetzbuch
BMAS les	Bundesministerium für Arbeit und Sozia-
BMI	Bundesministerium des Innern
BRD	Bundesrepublik Deutschland
BVerfG	Bundesverfassungsgericht
BVerfGE gerichts	Entscheidungen des Bundesverfassungs-

BVerwG	Bundesverwaltungsgericht
bzw.	beziehungsweise
ca.	circa
EFA	Europäisches Fürsorgeabkommen
EG	Europäische Gemeinschaft
EGMR	Europäischer Gerichtshof für Menschen-rechte
EMRK	Europäische Menschenrechtskonvention
EU	Europäische Union
EWR	Europäischer Wirtschaftsraum
GG	Grundgesetz
GFK	Genfer Flüchtlingskonvention
ggf.	gegebenenfalls
i.d.R.	in der Regel
IOM	International Organisation for Migration
i.S.d.	im Sinne des/der
i.V.m.	in Verbindung mit
K.d.ö.R.	Körperschaft des öffentlichen Rechts
Mio.	Million / Millionen

NATO	North Atlantic Treaty Organization „Organisation des Nordatlantikvertrags" bzw. Nordatlantikpakt-Organisation
SGB II	Sozialgesetzbuch II – Grundsicherung für Arbeitssuchende
sog.	sogenannt/e/es
StGB	Strafgesetzbuch
u.a.	und andere/unter anderem
u.ä.	und ähnliche/s
u.U.	unter Umständen
UN	United Nations (Vereinte Nationen)
UNHCR	Hoher Flüchtlingskommissar der Vereinten Nationen (United Nations High Commissioner for Refugees)
VG	Verwaltungsgericht
WHO	World Health Organisation (Weltgesundheitsorganisation)
WTO	World Trade Organisation (Welthandelsorganisation)
z.B.	zum Beispiel

Glossar ausländer- und asylrechtlicher Begriffe

Abschiebung

Die Abschiebung ist die von den Behörden erzwungene Ausreise von Menschen in ein anderes Land. Abschiebungen werden vorwiegend per Flugzeug durchgeführt. Teilweise finden Abschiebungen in Polizeibegleitung statt, manchmal werden dabei Zwangsmittel wie Fesselungen und ruhigstellende Medikamente verwendet. Die Abschiebung löst zunächst ein dauerhaftes Einreiseverbot aus, welches auf Antrag später befristet werden kann. Wer trotz des Einreiseverbots wieder einreist, eventuell viele Jahre später, macht sich strafbar.

Abschiebehindernis

- Zielstaatsbezogen

Zielstaatsbezogene Abschiebehindernisse liegen vor, wenn durch die Rückkehr in den Herkunftsstaat eine Menschenrechtsposition nach der Europäischen Menschenrechtskonvention, das Grundrecht auf Menschenwürde (Art. 1 Abs. 1 GG) oder das Recht auf Leben (Art. 2 Abs. 2 GG) verletzt würde. In Betracht kommen die Gefahr von Folter, Todesstrafe, grausame oder unmenschliche Behandlung, auch durch fehlende Möglichkeit der medizinischen Versorgungen, Bedrohungen für Leib und Leben durch kriegerische

Auseinandersetzungen oder durch öffentliche Stellen oder Privatpersonen.

- Inlandsbezogen

Inlandsbezogene Abschiebehindernisse sind tatsächliche oder rechtliche Gründe, die einer Abschiebung entgegenstehen und sich aus Umständen in Deutschland ergeben.

Tatsächliche Gründe sind insbesondere fehlende Reisedokumente, Verweigerung der Einreise durch den Staat, in den abgeschoben werden soll oder Transportunfähigkeit durch Krankheit oder Behinderung.

Rechtliche Abschiebehindernisse können sich durch bestehende Bindungen in Deutschland ergeben, insbesondere aus dem Recht auf Schutz von Ehe und Familie (Art. 6 GG, Art. 8 EMRK), aus dem Schutz des Kindeswohls (Art. 6 GG, UN-Kinderkonvention, Haager Minderjährigen-Schutzabkommen) oder aus dem Recht auf Privatleben (Art. 8 EMRK).

Aufenthaltserlaubnis

Die Aufenthaltserlaubnis gewährt ein befristetes und an einen Zweck gebundenes Recht zum Aufenthalt (rechtmäßiger Aufenthalt).

Ausländerbehörden

Dem Gesetz nach sind die örtlichen Ausländerbehörden zuständig für die Erteilung oder Versagung von

Aufenthaltserlaubnissen gemäß den jeweiligen Aufenthaltszwecken des Aufenthaltsgesetzes (§§ 16,18,20,21,27ff. AufenthG), für die Entscheidung über die Erteilung von Niederlassungserlaubnissen (§9 AufenthG) sowie für die Entscheidung und ggf. Durchführung von Ausweisungen (§§ 53, 54,55 AufenthG) bzw. Abschiebungen (§58 AufenthG). Weiterhin stellen die Ausländerbehörden neben den jeweiligen Aufenthaltstiteln auch ggf. Passersatzpapiere aus. Sie entscheiden über die Ausstellung von Aufenthaltsgestattungen für Asylbewerber (§55 AsylVfG), Duldungen (§60a AufenthG) und Reiseausweise für Ausländer. Außerdem wird über das Vorliegen der gesetzlichen Voraussetzungen für einen Familiennachzug (§27ff. AufenthG) entschieden. Weiterhin sind Ausländerbehörden an Visaerteilungen beteiligt.

Daneben besteht eine Vielzahl von weiteren Aufgaben, wie u. a. die zeitliche Befristung von Aufenthaltstiteln, Ablehnung von Aufenthaltserlaubnissen, Verfügung von Ausreiseaufforderungen nach dem Aufenthaltsgesetz in den Fällen des Eintritts der Ausreisepflicht sowie die Klärung der Identität von AusländerInnen und ggf. auch die Beschaffung von Identitätspapieren.

Ausweisung

Die Ausweisung ist ein Verwaltungsakt, mit dem jemand, z.B. aufgrund von Straffälligkeit, zur Ausreise aus Deutschland verpflichtet wird. Mit der Ausweisung erlischt eine eventuell bestehende Aufenthaltsgenehmigung. Gegen einen Ausweisungsbescheid kann Klage erhoben werden. Erst wenn die Ausweisung rechtskräftig ist, muss der Betroffene ausreisen. Tut er dies nicht, droht die Abschiebung. Mit der Ausweisung entsteht auch ein Verbot der Wiedereinreise, das häufig für immer gilt.

Asylbegehren

Das Asylbegehren ist der schriftlich, mündlich oder auf sonstige Weise geäußerte Wille eines Ausländers, im Bundesgebiet Schutz vor politischer Verfolgung zu finden oder Schutz vor Abschiebung oder Rückführung in einen Staat, in dem ihm die in §60 Abs. 1 AufenthG bezeichneten Gefahren drohen. Dies ist in §13 AsylVfG geregelt.

Das Asylbegehren kann gestellt werden vor der:

- Grenzbehörde (§13 Abs. 3, §18, §18a AsylVfG)
- Ausländerbehörde (§19 AsylVfG)
- Polizei (§19 AsylVfG)
- Außenstelle des Bundesamtes für Migration und Flüchtlinge an der zuständigen Erstaufnahmeeinrichtung (§14 AsylVfG)

256

Asylantrag

Der Asylantrag ist bei der BAMF-Außenstelle, welcher der/die AusländerIn als zuständige Erstaufnahmeeinrichtung zugewiesen ist (§14 Abs. 1 AsylVfG) zu stellen. Beim BAMF hat der/die antragstellende AusländerIn persönlich zu erscheinen (§23 AsylVfG). Die Handlungsfähigkeit ist ab dem 16. Lebensjahr gegeben (§12 Abs. 1 AsylVfG). Besitzt der/die AsylbewerberIn bereits eine Aufenthaltserlaubnis, so ist der Antrag bei der BAMF-Zentrale in Nürnberg zu stellen (§14 Abs. 2 AsylVfG). Der Asylantrag erstreckt sich automatisch auch auf die eigenen Kinder unter 16 Jahren (§14a AsylVfG).

Asylbewerberleistungsgesetz

Im Asylbewerberleistungsgesetz wird unter anderem geregelt, dass Asylsuchende, Geduldete und teils auch Menschen mit Aufenthaltserlaubnis geringere Sozialleistungen erhalten als üblich. Statt Geld sollen sie Gutscheine, Lebensmittel- oder Hygienepakete bekommen. Die Leistungen können bis auf das „Zum Lebensunterhalt Unerlässliche" gekürzt werden. Am 18. Juli 2012 hat das Bundesverfassungsgericht, das seit 1993 unverändert geltenden Asylbewerberleistungsgesetz für verfassungswidrig erklärt und seitdem gilt eine Übergangsregelung für die AsylbewerberInnen. Momentan (Anfang 2015) erhält eine alleinstehende

bzw. alleinerziehende erwachsene Person 354€ pro Monat
(zum Vergleich: 382€ Hartz-IV Regelsatz seit dem 1.1.2013).
Der Gesetzgeber ist aufgefordert ein neues verfassungskon-
formes Gesetz zu entwerfen und zu verabschieden.

Asylverfahrensgesetz

Das Asylverfahrensgesetz regelt im Wesentlichen den Ablauf des Asylverfahrens sowie die Rechte und Pflichten der
Asylsuchenden. Dazu zählt auch die Verteilung der Flüchtlinge auf die Bundesländer, ihre Unterbringung, die Asyl-
antragsstellung, den Ablauf und die Regeln des Asylverfahrens.

Aufenthaltserlaubnis

Eine Aufenthaltserlaubnis wird von der zuständigen Ausländerbehörde erteilt. Dabei ist sie ein befristeter Aufenthaltstitel, der zu einem bestimmten gesetzlichen Zweck erteilt wird (§7 Abs. 1 Nr. 1 AufenthG). Die Erteilung der
Aufenthaltserlaubnis setzt in der Regel voraus, dass der/die
AusländerIn mit dem erforderlichen Visum eingereist ist
(§5 Abs. 2 Nr. 1 AufenthG).

Aufenthaltszwecke sind:

- Studium, Sprachkurs, Schulbesuch (§16 AufenthG)
- Unselbstständige Erwerbstätigkeit (§18 AufenthG)

- Forschung (§20 AufenthG)

- Selbstständige Erwerbstätigkeit (§21 AufenthG)

- Familiennachzug (§§27 ff AufenthG)

Aufenthaltsgestattung

Die Aufenthaltsgestattung dokumentiert den erlaubten Aufenthalt zur Durchführung eines Asylverfahrens oder eines Verfahrens zur Anerkennung der Flüchtlingseigenschaft nach der Genfer Flüchtlingskonvention. Sie erlischt ohne einen Rücknahme- oder Widerrufsbescheid, sobald das Asylverfahren bestandskräftig beendet ist.

Aufenthaltstitel

Der Aufenthaltstitel ist ein Bündel von Rechten und Pflichten. Weiterhin belegt er den rechtmäßigen Aufenthalt des Ausländers in Deutschland. Das deutsche Recht kennt insgesamt 4 Aufenthaltstitel, welche vergeben werden können:

- Visum

- Aufenthaltserlaubnis

- Niederlassungserlaubnis

- Erlaubnis zum Daueraufenthalt-EG

Aufenthaltsstatus

Der Aufenthaltsstatus stellt die Berechtigung eines/r AusländerIn dar, sich rechtmäßig im Inland aufzuhalten. Begründet wird er durch den gesetzlich geregelten Erwerb eines Aufenthaltstitels. Für einen Aufenthaltsstatus (rechtmäßiger Aufenthalt) ist ein Aufenthaltstitel erforderlich.

Bundesamt für Migration und Flüchtlinge (BAMF)

Das Bundesamt für Migration und Flüchtlinge ist die staatliche Asylbehörde und ist unter anderem zuständig für die Durchführung von Asylverfahren. Die Anerkennungspraxis des Amtes ist sehr restriktiv. Seit Inkrafttreten des Zuwanderungsgesetzes (2005) hat sich der Aufgabenbereich des Amtes auf Migrations- und Integrationsfragen ausgeweitet.

Drittstaatsangehörige

Als Drittstaatsangehörige werden alle Personen bezeichnet, die weder über eine deutsche noch eine Staatsangehörigkeit eines EU-Staats oder der Schweiz verfügen. Teilweise werden auch Bürger der EWR[20]-Staaten nicht unter Drittstaatsangehörige gerechnet.

Dublin-III Verordnung bzw. Dublin-III Verordnung

Die Dublin-III Verordnung (VO EG Nr. 604/2013) regelt die Zuständigkeit der Mitgliedsstaaten in Bezug auf den Asylantrag. Hierbei muss die BRD prüfen, ob sie für diesen Antrag zuständig ist:

---

[20] Europäischer Wirtschaftsraum

Prinzipiell gilt, dass der Mitgliedsstaat zuständig ist, dessen Grenzen der Asylbewerber aus einem Drittland kommend illegal überschritten hat. Es gibt jedoch eine ganze Reihe von Ausnahmen und rechtlichen Zusatzregelungen hierzu.

Duldung

Mit der Duldung wird die Aussetzung der Abschiebung bescheinigt (kein rechtmäßiger Aufenthalt). Die Ausreisepflicht bleibt bestehen. Sie berechtigt nach einem Verlassen des Bundesgebietes nicht zur Wiedereinreise.

Erlaubnis zum Daueraufenthalt-EG

Die Erlaubnis zum Daueraufenthalt-EG ist ein unbefristeter Titel, der der Niederlassungserlaubnis gleichgestellt ist (§9a AufenthG). Wer einen solchen Aufenthaltstitel besitzt, kann sich unter erleichterten Umständen in allen EU-Ländern (außer Großbritannien, Irland und Dänemark) niederlassen.

Erstaufnahmeeinrichtung

AusländerInnen, welche einen Asylantrag bei einer Außenstelle des Bundesamtes für Migration und Flüchtlinge, müssen sich in die nächstgelegene Erstaufnahmeeinrichtung begeben. Auch unerlaubt eingereiste AusländerInnen können verpflichtet werden, sich in eine Erstaufnahmeeinrichtung zu begeben. Die Zeit in der Erstaufnahmeeinrichtung ist auf maximal drei Monate beschränkt. Anschließend erfolgt eine Verteilung auf die Kommunen.

EU-Schengenabkommen

Der Begriff geht auf das Übereinkommen vom 14. Juni 1985 von ursprünglich sechs EG-Staaten zurück, die eine gemeinsame Visumspolitik einführen wollten. Das Übereinkommen wurde in der luxemburgischen Stadt Schengen geschlossen. Es beinhaltet:

- Einheitlicher Sichtvermerk aller Vertragsstaaten
- Geltung in anderen Vertragsstaaten
- Aufenthalt von drei Monaten
- Freizügigkeit im Schengen-Raum
- Jedoch keine Arbeitserlaubnis
- Schengener Informationssystem – Ausschreibung zur Einreiseverweigerung

Europäische Menschenrechtskonvention (EMRK)

Die Konvention zum Schutze der Menschenrechte und Grundfreiheiten wurde im Rahmen des Europarates ausgearbeitet, am 4. November 1950 in Rom unterzeichnet und trat am 3. September 1953 allgemein in Kraft. Alle Mitgliedsstaaten des Europarates haben die Konvention unterzeichnet und auch in nationales Recht transformiert.

Alle Mitgliedsstaaten der EU sind zugleich auch Mitglied im Europarat. Mitglieder sind auch die EWR-Staaten (Europäischer Wirtschaftsraum), die Türkei, die Nachfolgestaaten Jugoslawiens, sowie Russland und weitere GUS-Staaten (Gemeinschaft unabhängiger Staaten).

In Artikel 2-14 enthält die EMRK die wichtigsten Freiheitsrechte:

- Recht auf Leben
- Verbot der Folter
- Recht auf Freiheit und Sicherheit
- Recht auf ein faires Verfahren
- Keine Strafe ohne Gesetz
- Recht auf Achtung des Privat- und Familienlebens
- Gedanken-, Gewissens- und Religionsfreiheit
- Meinungsäußerungsfreiheit
- Versammlungs- und Vereinigungsfreiheit
- Recht auf Eheschließung

- Recht auf wirksame Beschwerde

- Diskriminierungsverbot

Damit sind die Vertragsstaaten zugleich verpflichtet, diese Rechte allen ihrer Hoheitsgewalt unterstehenden Personen zu garantierten. Ergänzt wird die EMRK von insgesamt 14 Zusatzprotokollen, welche teils materiell-rechtliche Bestimmungen und teils verfahrensrechtliche Regelungen enthalten.

Die Einhaltung der EMRK wird im Rahmen eines Individual- bzw. Staatenbeschwerdeverfahrens durch den Europäischen Gerichtshof für Menschenrechte (EGMR) gewährleistet. In Deutschland sind alle Gerichte, im Ausländerrecht also die Verwaltungsgerichte, verpflichtet, alle Regelungen des deutschen Rechts so auszulegen, dass die in der EMRK verbürgten Grundrechte gewahrt bleiben.

Europäisches Fürsorgeabkommen

Das Europäische Fürsorgeabkommen wurde am 11. Dezember 1953 vom Europarat verabschiedet und trat für die Bundesrepublik Deutschland am 01. September 1956 in Kraft. Die Mitgliedsstaaten verpflichteten sich in diesem Abkommen, den Bürgern der anderen Vertragsstaaten, die sich rechtmäßig auf ihrem Gebiet aufhalten, Fürsorgeleistungen in gleicher Weise und in gleichem Umfang zu gewähren wie eigenen Bürgern.

Damit können Angehörige der Vertragsstaaten unmittelbar individuelle Rechte ableiten. Auch darf der Bezug von Fürsorgeleistungen nach einem rechtmäßigen Aufenthalt von mindestens fünf Jahren nicht mehr als Ausweisungsgrund herangezogen werden.

Dem Abkommen sind bislang alle Staaten der Europäischen Union bis auf Bulgarien, Finnland, Lettland, Litauen, Österreich, Polen, Rumänien, Slowakei, Slowenien, Tschechische Republik, Ungarn und Zypern beigetreten. Von den europäischen Staaten außerhalb der EU sind bisher nur die Türkei, Island und Norwegen beigetreten.

Im Dezember 2011 hat die deutsche Bundesregierung einen Vorbehalt gegen das Abkommen erklärt. Daher findet es momentan keine Anwendung mehr. Ob dies europarechtlich zulässig ist, bleibt noch zu prüfen.

Familienzusammenführung

Die Familienzusammenführung ist in den §§ 27 ff AufenthG geregelt. Diesbezüglich existieren folgende Varianten:

- Ehegattennachzug zu einem Deutschen §28 AufenthG
- Familiennachzug zu Ausländern §29 AufenthG
- Ehegattennachzug zu einem Ausländer §30 AufenthG

- Kindernachzug zu einem Deutschen §32 AufenthG

- Elternnachzug zu ihrem Kind §36 AufenthG

Fiktionsbescheinigung

Mit der Fiktionsbescheinigung wird dokumentiert, dass ein Antrag auf Erteilung oder auf Verlängerung eines Aufenthaltstitels (Aufenthaltserlaubnis, Niederlassungserlaubnis) gestellt wurde und dass der Aufenthalt bis zur Entscheidung über den Antrag als erlaubt gilt (rechtmäßiger Aufenthalt). Bei einem Antrag auf Verlängerung gilt der bisherige Aufenthaltstitel als fortbestehend (§81 AufenthG).

Flüchtlingsstatus

Ein Flüchtling im engeren Sinne ist jemand, der als GFK-Flüchtling anerkannt wurde.

Freizügigkeitsbescheinigung (EU)

Die Freizügigkeitsbescheinigung wird Staatsangehörigen der EU-Staaten und der EWR-Staaten (Europäischer Wirtschaftsraum) zur Dokumentation ihres Rechts auf Freizügigkeit ausgestellt.

Genfer Flüchtlingskonvention (GFK)

Die Genfer Flüchtlingskonvention (GFK) ist die wichtigste völkerrechtliche Vereinbarung darüber, wer als Flüchtling anerkannt wird und damit international Schutz genießt. Sie stammt aus dem Jahr 1951 und weltweit haben über 140

Staaten, auch Deutschland, sie unterzeichnet. Im deutschen Ausländerrecht ist festgelegt, dass niemand abgeschoben werden darf, der die Flüchtlingsdefinition der GFK erfüllt (z.B. §60 Abs. 1-7).

Die Konvention legt fest, wer ein Flüchtling ist und welchen rechtlichen Schutz, welche Hilfe und welche sozialen Rechte er von den Unterzeichnerstaaten erhalten sollte. Aber sie schließt auch bestimmte Gruppen, z.B. Kriegsverbrecher, aus.

Im deutschen Ausländerrecht findet sich die GFK u.a. im §60 Absatz 1 AufenthG. GFK-Flüchtlinge erhalten wie Asylberechtigte soziale Rechte und eine Aufenthaltserlaubnis für drei Jahre. Danach wird die Asylanerkennung durch das Bundesamt für Migration und Flüchtlinge noch einmal überprüft. Wenn kein Widerruf eingeleitet wird, erhalten die GFK-Flüchtlinge eine Niederlassungserlaubnis.

Illegalität

Menschen in der aufenthaltsrechtlichen Illegalität sind Menschen ohne Papiere. Sie haben womöglich ihr Aufenthaltsrecht verloren oder leben versteckt in Deutschland und geben sich den Behörden nicht zu erkennen. Sie leben unter schwierigsten sozialen Bedingungen.

MediNetz

Das MediNetz fungiert als Anlaufstelle und Telefonberatung für Menschen ohne Papiere, die medizinische Hilfe benötigen. Dabei leistet das MediNetz selber keine medizinische Hilfe. Die Mitarbeitenden verstehen sich als Vermittelnde, sie erfragen die Beschwerden der Ratsuchenden und überweisen sie an geeignete ÄrztInnen, Hebammen, KrankengymnastInnen, HeilpraktikerInnen und andere medizinische Einrichtungen. Zu diesem Zweck gibt es ein Netz aus ÄrztInnen u.a. medizinischen Fachberufen, welche sich zur Behandlung, von Menschen in der aufenthaltsrechtlichen Illegalität, bereit erklären. MediNetz ist in ganz Deutschland vertreten.

Nachfluchtgründe

- *Subjektive Nachfluchtgründe:*

Ereignisse, die der Ausländer während seines Aufenthalts im Ausland selbst geschaffen hat (z.B. Religionswechsel, exilpolitische Aktivität) und durch die er sich erstmals der Verfolgung im Herkunftsland aussetzt.

- *Objektive Nachfluchtgründe:*

Ereignisse, die im Herkunftsstaat des Ausländers eingetreten sind, nachdem er diesen Staat verlassen hat (z.B. politischer Umsturz, neue Gesetze, Auftreten neuer Verfolgungsakteure).

Nationales Visum

Ein Visum zum Zwecke der Einreise und eines Aufenthalts von mehr als drei Monaten muss immer als nationales Visum ausgestellt werden. Es berechtigt nur zum Aufenthalt in dem ausstellenden Staat. In der Regel wird die zuständige Ausländerbehörde vor Erteilung des Visums um ihre Zustimmung gebeten.

Niederlassungserlaubnis

Die Niederlassungserlaubnis gewährt ein unbefristetes und zweckunabhängiges Recht zum Aufenthalt (rechtmäßiger Aufenthalt). Dabei impliziert sie die Arbeitserlaubnis.

Pass

Gemäß §3 Abs. 1 AufenthG dürfen AusländerInnen nur in das Bundesgebiet einreisen oder sich dort aufhalten, sofern sie einen anerkannten und gültigen Pass oder Passersatz besitzen. In begründeten Einzelfällen kann das Bundesministerium des Innern (oder eine von ihm bestimmte Stelle) für den Grenzübertritt des Ausländers und einen anschließenden Aufenthalt Ausnahmen von der Passpflicht für bis zu sechs Monate zulassen (§3 Abs. 2 AufenthG).

Ebenso ist für die Erteilung eines Aufenthaltstitels (§5 AufenthG) ein Pass gemäß §3 AufenthG für jede/n AusländerIn verpflichtend.

Ein/e AusländerIn, der/die vorsätzlich gegen die Ausweispflicht verstößt und auch keinen Ausweisersatz besitzt, macht sich nach §95 Abs.1 Nr. 1 AufenthG strafbar. Dieser fahrlässige Verstoß wird mit einem Bußgeld als Ordnungswidrigkeit bestraft (gemäß §98 Abs. 1, 2 AufenthG).

Posttraumatische Belastungsstörung (ICD-10: F43.1)

Ein Trauma wird ausgelöst durch eine extreme Form von Stress, auch traumatischer Stress genannt. Die Psychologie definiert ein Trauma als eine Überforderung für die menschliche Psyche. In dieser Situation helfen keine bisherigen Erfahrungen weiter und es stehen keine Bewältigungsmechanismen zur Verfügung. Die Seele und der Körper versuchen, ein extremes Erlebnis zu verarbeiten. Auslöser sind Ereignisse außerhalb der üblichen Erfahrungswelt: z.B. Miterleben von Gewalttaten an anderen Menschen, Anblick grausam verstümmelter Körper, Gewalt gegen einen selbst (auch sexuelle Gewalt, häufig bei Frauen). Dabei spürt der Mensch, welcher das Trauma erleidet, intensive Angst, drohende Vernichtung, Hilflosigkeit und Entsetzen. Während dieser traumatischen Bedrohung funktioniert meistens nur die Speicherung der Sinneseindrücke im impliziten Gedächtnis, die Abspeicherung im expliziten Gedächtnis wird dagegen offenbar zum Teil unterdrückt. Die Folge ist, dass die Personen das

Ereignis zeitlich nicht einordnen und damit nicht der Vergangenheit zuordnen können. Deshalb fällt es traumatisierten Menschen oft schwer, das Ereignis in seiner chronologischen Abfolge zu berichten.

Die psychischen Folgen traumatischer Erfahrungen sind individuell verschieden. Dennoch weisen Menschen, die unterschiedlichste traumatisierende Ereignisse erlebt haben, eine große Anzahl gemeinsamer Symptome auf: Viele Überlebende von Naturkatastrophen, Opfer krimineller Gewalttaten und politisch Inhaftierte leiden an einem Symptommuster, welches geprägt ist von Schlaflosigkeit und Alpträumen, von sozialem Rückzug und depressiver Interesselosigkeit, von extremer Reizbarkeit und übermäßiger Schreckhaftigkeit. Man unterteilt die zahlreichen Symptome der Posttraumatischen Belastungsstörung in drei Hauptkategorien: Erinnerungssymptome („Intrusionen"), Vermeidungssymptome und Übererregungssymptome. (vgl. Berufsverband Deutscher Psychologinnen und Psychologen / Christoph-Dornier-Stiftung für Klinische Psychologie 1997, S.2)

Eine psychologische Behandlung hat durchaus gute Chancen auf Erfolg.

Qualifikationsrichtlinie (QRL)

Die sogenannte „Qualifikationsrichtlinie" ist die „Richtlinie 2011/95/EU des Europäischen Parlaments und des Rates (neueste Fassung vom 13. Dezember 2011) über Normen für die Anerkennung von Drittstaatsangehörigen oder Staatenlosen als Personen mit Anspruch auf internationalen Schutz, für einen einheitlichen Status für Flüchtlinge oder für Personen mit Anrecht auf subsidiären Schutz und für den Inhalt des zu gewährenden Schutzes. So steht es im Amtsblatt der Europäischen Union.

Gegenstand der Richtlinie ist die Festlegung von Mindestnormen für die Anerkennung von Drittstaatsangehörigen oder Staatenlosen als Flüchtlinge oder als Personen, die internationalen Schutz benötigen; ferner bestimmt die Richtlinie Mindestnormen für den Inhalt des Schutzes. Die Richtlinie nimmt damit eine zentrale Stellung im entstehenden europäischen Flüchtlingsrecht ein. Sie bestimmt die materiellen Voraussetzungen für den Schutz eines Flüchtlings und dessen Rechtsstatus. Die Richtlinie hat damit im Grunde einen ähnlichen Stellenwert wie die Genfer Flüchtlingskonvention. (vgl. Hollmann 2005, S.4)

Schengenvisum

Ein Visum zum Zweck der Einreise und des Aufenthalts für einen Zeitraum bis zu drei Monaten wird immer als

Schengenvisum ausgestellt, sofern kein längerfristiger Aufenthalt beabsichtigt ist. Das Visum berechtigt zum vorübergehenden Aufenthalt in allen EU-Staaten, ausgenommen das Vereinigte Königreich und Irland. Die Einzelheiten regeln das Schengener Durchführungsübereinkommen und die EU-Visumsverordnung.

Sichere Drittstaatenregelung

Nach Art. 16a GG können kraft Gesetzes, Staaten bestimmt werden, bei denen auf Grund der Rechtslage, der Rechtsanwendung und der allgemeinen politischen Verhältnisse gewährleistet erscheint, dass dort weder politische Verfolgung noch unmenschliche oder erniedrigende Bestrafung oder Behandlung stattfindet. Der deutsche Gesetzgeber bestimmt in diesem Zusammenhang alle Mitgliedstaaten der Europäischen Union (auch Schweiz und Norwegen) sowie die in der Anlage II zum AsylVfG bezeichneten Staaten (Ghana und Senegal) als sichere Herkunftsstaaten.

AusländerInnen mit der entsprechenden Staatsangehörigkeit oder (als Staatenlose) dem gewöhnlichen Aufenthalt in einem sicheren Herkunftsland tragen die volle Darlegungs- und Beweislast dafür, dort verfolgt worden zu sein. Gelingt der Beweis nicht wird der Asylantrag als „offensichtlich unbegründet" abgelehnt (§29a AsylVfG).

Subsidiärer Schutz

Zum Teil beruhen die Regelungen zum subsidiären Schutz auf rechtlichen Vorgaben der EU. Die Rechtsgrundlagen ergeben sich aus §60 Abs. 2, 3 und 7 S.2 AufenthG. Zum anderen beruhen sie auf Verpflichtungen aus der EMRK (§60 Abs. 5 AufenthG). Zusätzlich gibt es noch den subsidiären Schutz, welcher ausschließlich auf nationalem Recht basiert (§60 Abs. 7 S.1).

Ein Flüchtling kann in Deutschland Schutz nach der GFK oder nach Art. 16a GG erhalten, wenn er wegen eines Verfolgungsgrundes (Asylmerkmal) mit einer schwerwiegenden Verletzung seiner grundlegenden Menschenrechte bedroht wird. Dabei gibt es jedoch auch Gefahren für elementare Menschenrechte und ein menschenwürdiges Leben, die in keinem Zusammenhang mit solchen Verfolgungsgründen oder Asylmerkmalen stehen und doch Anlass dafür sein können, dass Menschen sich genötigt sehen ihre Heimat zu verlassen und anderswo Schutz zu suchen. Einige dieser Gefahrenlagen werden über den subsidiären Schutz abgedeckt und aufgefangen.

Verfolgung

Was unter Verfolgung zu verstehen ist, ergibt sich aus §60 Abs. 1 S.5 AufenthG i.V.m. Art. 9 QRL. Dabei enthält Art. 9 Abs. 1 QRL eine abstrakte Definition der

Verfolgungshandlung und Art. 9 Abs. 2 QRL eine Erläuterung durch wichtige Beispiele.

Nach Abs. 1 sind Verfolgungshandlungen:

- Schwerwiegende Verletzungen der grundlegenden Menschenrechte, insbesondere solcher, die nach Art. 15 Abs. 2 EMRK notstandsfest sind (Art. 2 EMRK: Leben; Art. 3 EMRK: Folter, erniedrigende und unmenschliche Behandlung; Art. 4 Abs. 1 EMRK: Sklaverei und Leibeigenschaft; Art. 7 EMRK: Strafe ohne Gesetz)

- Die Kumulierung geringfügiger Eingriffe mit ähnlichem Ergebnis (sog. Nadelstiche)

Art. 9 Abs. 2 QRL nennt folgende Beispiele:

- Physische und psychische Gewalt (einschließlich sexueller Gewalt)

- Diskriminierende gesetzliche, administrative oder polizeiliche/justizielle Maßnahmen

- unverhältnismäßige Strafen

- Verweigerung gerichtlichen Rechtsschutzes

- Strafverfolgung wegen Verweigerung des Militärdienstes in einem völkerrechtswidrigen Konflikt

Es gilt der Grundsatz, dass nur verfolgt ist, wer persönlich Ziel der Verfolgungsmaßnahme war bzw. im Falle der Rückkehr sein wird. Dabei muss es sich um eine Maßnahme handeln, die dem Betroffenen gezielt Rechtsverletzungen zufügen soll. Daran fehlt es jedoch bei Nachteilen, die eine Person aufgrund der allgemeinen Zustände in seinem Heimatland zu erleiden hat wie im Fall einer Hungersnot, Naturkatastrophen, aber auch bei den allgemeinen Auswirkungen, von „Kollateralschäden", Unruhen, Revolutionen und Kriegen. (siehe hierzu folgende Urteile: BVerfG 10.07.1989 – 2 BvR 502/86 u.a. -, BVerfGE 80, 315 [335])

Visum

Ein Visum wird durch eine Auslandsvertretung der Bundesrepublik im Heimatland des Ausländers ausgestellt. Im Aufenthaltsgesetz ist das Visum durch §6 geregelt.

Zuwanderungsgesetz

Das Zuwanderungsgesetz ist seit dem 1.1.2005 in Kraft. Es ist ein Gesetzespaket, welches Paragraphen in mehreren Gesetzen änderte, z.B. Asylverfahrensgesetz. Weiterhin enthält es das Aufenthaltsgesetz. Ebenso löst das Zuwanderungsgesetz das alte Ausländergesetz ab.

Quellenangabe zum Glossar:

Berufsverband Deutscher Psychologinnen und Psychologen e.V./ Christoph-Dornier-Stiftung für Klinische Psychologie (1997[2]): Posttraumatische Belastungsstörung. Die Folgen extrem belastender Ereignisse. Bonn: Satz & Druck Kammel.

Evangelischer Entwicklungsdienst (2006[2]): Wenn die Welt zerbricht. Mit traumatischen Erlebnissen umgehen. Bonn: in puncto druck.

Frings, D./ Tießler-Marenda, E. (2009): Ausländerrecht für Studium und Beratung. Einschließlich Staatsangehörigkeitsrecht. Frankfurt (Main): Fachhochschulverlag.

Hollmann, E. (2005): Die Qualifikationsrichtlinie. Voraussetzungen des Flüchtlingsschutzes nach dem europäischen Recht. Frankfurt (Main).

PRO ASYL (2006): Leben im Niemandsland. Flucht und Asyl – Fragen und Antworten. Frankfurt (Main).

www.recht.uni-giessen.de/wps/fb01/dl/show-file/RLC/17832/Skript_zur_Vorlesung_2012.pdf

Übersicht zu relevanten Gesetzen/Verordnungen/Urteilen

Relevante Gesetze:

- Artikel 16a des Grundgesetzes (GG)

- Asylbewerberleistungsgesetz (AsylblG)

- Asylverfahrensgesetz (AsylVfG)

- Aufenthaltsgesetz (AufenthG)

- Europäische Menschenrechtskonvention (EMRK)

- Freizügigkeitsgesetz EU

- Genfer Flüchtlingskonvention (GFK)

- Qualifikationsrichtlinie vom Rat der Europäischen Union (QRL)

- Protokolle zur Europäischen Menschenrechtskonvention

Gesetze/Verordnungen/Urteile im Internet:

http://www.migrationsrecht.net

http://lexetius.com (verlinkte Rechtsprechung Europäischer Gerichtshof u.a.)

http://curia.europa.eu/de/content/juris/index.htm (Rechtsprechung Europäischer Gerichtshof)

http://www.thueringen.de/de/ab/info/recht

http://www.gesetze-im-internet.de

http://bundesrecht.juris.de/index.html

http://www.fluechtlingsrat-berlin.de/gesetzgebung.php#Dur

http://www.westphal-stoppa.de/Faelle.htm (Fälle mit Lösungen) http://www.harald-thome.de/sgb-ii-hinweise.html (Verwaltungshinweise der Bundesagentur für Arbeit zum SGB II)

Informationen zum Migrationsrecht im Internet

http://www.asyl.net

Links und Adressen, auch für Rückkehr- und Weiterwanderungsberatung, Integrationsbeauftragte des Bundes und der Länder, Psychosoziale Zentren, Rechtberatung für ausländische Flüchtlinge.

http://www.bamf.de Bundesamt für Migration und Flüchtlinge (BAMF)

Standorte der Migrationserstberatung und der Jugendmigrationsdienste, Integrationsprojekte, Regionalstellen des BAMF als Ansprechpartner für lokale Integrationsprojekte, Informationen für Träger der Integrationskurse, Außenstellen des BAMF als Anlaufstellen für Asylsuchende, Länderinformationen

http://www.bmi.bund.de

Das Bundesinnenministerium des Innern bietet einen auch Themenschwerpunkt „Migration und Integration"

http://www.bundesregierung.de -> Integrationsbeauftragte

Informationen zum nationalen Integrationsplan, 8. Bericht über die Lage der   Ausländer und

Ausländerinnen in Deutschland, aktuelle Informationen

http://www.destatis.de

Statistisches Bundesamt mit aktuellen Zahlen zur Bevölkerung in Deutschland (u.a. MigrantInnen und AusländerInnen)

http://www.fluechtlingsrat-berlin.de

Eine umfangreiche Sammlung von Rechtsinformationen für MigrantInnen und Flüchtlingen und stets aktuell. Sie wird von Georg Classen betreut.

http://www.migrationsrecht.de

Informationen, insbesondere für RechtsanwältInnen, aber auch Hinweise auf spezialisierte Anwaltskanzleien

http://www.proasyl.de

Umfangreiche Informationen, Listen der Beratungsstellen

www.ra-vonauer.de/

Umfangreiches juristisches Material zu Asylverfahren, Asylrecht, Flüchtlingsrecht, Unionsrecht, Freizügigkeitsrecht, Staatsangehörigkeitsrecht und Ausländerrecht

http://www.tacheles.de

Umfangreiche, aktuelle Informationen zum SGB II

http://www.unhcr.de

> Flüchtlingskommissar der Vereinten Nationen, Informationen zum Internationalen Flüchtlingsrecht und zur Flüchtlingshilfe weltweit

http://www.verband-binationaler.de

> Insbesondere Beratung zum Familienrecht, Familienzusammenführung und Aufenthaltsrecht

Bei allen Bundesministerien/-ämtern, der Bundesregierung selbst sowie auf der Internethomepage der Integrationsbeauftragten der Bundesregierung besteht die Möglichkeit, aktuelle Publikationen zu diversen Themen kostenlos zu bestellen.

Wichtige Gesetze: Art. 16a GG & §60 AufenthG (Genfer Flüchtlingskonvention)

<u>Art. 16a GG</u>

(1) Politisch Verfolgte genießen Asylrecht.

(2) Auf Absatz 1 kann sich nicht berufen, wer aus einem Mitgliedstaat der Europäischen Gemeinschaften oder aus einem anderen Drittstaat einreist, in dem die Anwendung des Abkommens über die Rechtsstellung der Flüchtlinge und der Konvention zum Schutze der Menschenrechte und Grundfreiheiten sichergestellt ist. Die Staaten außerhalb der Europäischen Gemeinschaften, auf die die Voraussetzungen des Satzes 1 zutreffen, werden durch Gesetz, das der Zustimmung des Bundesrates bedarf, bestimmt. In den Fällen des Satzes 1 können aufenthaltsbeendende Maßnahmen unabhängig von einem hiergegen eingelegten Rechtsbehelf vollzogen werden.

(3) Durch Gesetz, das der Zustimmung des Bundesrates bedarf, können Staaten bestimmt werden, bei denen auf Grund der Rechtslage, der Rechtsanwendung und der allgemeinen politischen Verhältnisse gewährleistet erscheint, dass dort weder politische Verfolgung noch unmenschliche oder erniedrigende Bestrafung oder Behandlung stattfindet. Es wird vermutet, dass ein Ausländer aus einem

solchen Staat nicht verfolgt wird, solange er nicht Tatsachen
vorträgt, die die Annahme begründen, dass

er entgegen dieser Vermutung politisch verfolgt wird.

(4) Die Vollziehung aufenthaltsbeendender Maßnahmen
wird in den Fällen des Absatzes 3 und in anderen Fällen,
die offensichtlich unbegründet sind oder als offensichtlich
unbegründet gelten, durch das Gericht nur ausgesetzt,
wenn ernstliche Zweifel an der Rechtmäßigkeit der Maßnahme bestehen; der Prüfungsumfang kann eingeschränkt
werden und verspätetes Vorbringen unberücksichtigt bleiben. Das Nähere ist durch Gesetz zu bestimmen.

(5) Die Absätze 1 bis 4 stehen völkerrechtlichen Verträgen
von Mitgliedstaaten der Europäischen Gemeinschaften untereinander und mit dritten Staaten nicht entgegen, die unter Beachtung der Verpflichtungen aus dem Abkommen
über die Rechtsstellung der Flüchtlinge und der Konvention zum Schutze der Menschenrechte und Grundfreiheiten, deren Anwendung in den Vertragsstaaten sichergestellt sein muss, Zuständigkeitsregelungen für die Prüfung
von Asylbegehren einschließlich der gegenseitigen Anerkennung von Asylentscheidungen treffen.

<u>§60 AufenthG[21]</u>

(1) In Anwendung des Abkommens vom 28. Juli 1951 über die Rechtsstellung der Flüchtlinge (BGBl. 1953 II S. 559) darf ein Ausländer nicht in einen Staat abgeschoben werden, in dem sein Leben oder seine Freiheit wegen seiner Rasse, Religion, Staatsangehörigkeit, seiner Zugehörigkeit zu einer bestimmten sozialen Gruppe oder wegen seiner politischen Überzeugung bedroht ist. Dies gilt auch für Asylberechtigte und Ausländer, denen die Flüchtlingseigenschaft unanfechtbar zuerkannt wurde oder die aus einem anderen Grund im Bundesgebiet die Rechtsstellung ausländischer Flüchtlinge genießen oder die außerhalb des Bundesgebiets als ausländische Flüchtlinge nach dem Abkommen über die Rechtsstellung der Flüchtlinge anerkannt wurden. Eine Verfolgung wegen der Zugehörigkeit zu einer bestimmten sozialen Gruppe kann auch dann vorliegen, wenn die Bedrohung des Lebens, der körperlichen Unversehrtheit oder der Freiheit allein an das Geschlecht anknüpft. Eine Verfolgung im Sinne des Satzes 1 kann ausgehen von

a) dem Staat

b) Parteien oder Organisationen, die den Staat oder wesentliche Teile des Staatsgebiets beherrschen oder

---

[21] http://dejure.org/gesetze/AufenthG/60.html

c) nichtstaatlichen Akteuren, sofern die unter den Buchstaben a und b genannten Akteure einschließlich internationaler Organisationen erwiesenermaßen nicht in der Lage oder nicht willens sind, Schutz vor der Verfolgung zu bieten, und dies unabhängig davon, ob in dem Land eine staatliche Herrschaftsmacht vorhanden ist oder nicht,

es sei denn, es besteht eine innerstaatliche Fluchtalternative. Für die Feststellung, ob eine Verfolgung nach Satz 1 vorliegt, sind Artikel 4 Abs. 4 sowie die Artikel 7 bis 10 der Richtlinie 2004/83/EG des Rates vom 29. April 2004 über Mindestnormen für die Anerkennung und den Status von Drittstaatsangehörigen oder Staatenlosen als Flüchtlinge oder als Personen, die anderweitig internationalen Schutz benötigen, und über den Inhalt des zu gewährenden Schutzes (ABl. EU Nr. L 304 S. 12) ergänzend anzuwenden. Wenn der Ausländer sich auf das Abschiebungsverbot nach diesem Absatz beruft, stellt das Bundesamt für Migration und Flüchtlinge außer in den Fällen des Satzes 2 in einem Asylverfahren fest, ob die Voraussetzungen des Satzes 1 vorliegen und dem Ausländer die Flüchtlingseigenschaft zuzuerkennen ist. Die Entscheidung des Bundesamtes kann nur nach den Vorschriften des Asylverfahrensgesetzes angefochten werden.

(2) Ein Ausländer darf nicht in einen Staat abgeschoben werden, in dem für diesen Ausländer die konkrete Gefahr besteht, der Folter oder unmenschlicher oder erniedrigender Behandlung oder Bestrafung unterworfen zu werden.

(3) Ein Ausländer darf nicht in einen Staat abgeschoben werden, wenn dieser Staat den Ausländer wegen einer Straftat sucht und die Gefahr der Verhängung oder der Vollstreckung der Todesstrafe besteht. In diesen Fällen finden die Vorschriften über die Auslieferung entsprechende Anwendung.

(4) Liegt ein förmliches Auslieferungsersuchen oder ein mit der Ankündigung eines Auslieferungsersuchens verbundenes Festnahmeersuchen eines anderen Staates vor, darf der Ausländer bis zur Entscheidung über die Auslieferung nur mit Zustimmung der Behörde, die nach § 74 des Gesetzes über die internationale Rechtshilfe in Strafsachen für die Bewilligung der Auslieferung zuständig ist, in diesen Staat abgeschoben werden.

(5) Ein Ausländer darf nicht abgeschoben werden, soweit sich aus der Anwendung der Konvention vom 4. November 1950 zum Schutze der Menschenrechte und Grundfreiheiten (BGBl. 1952 II S. 685) ergibt, dass die Abschiebung unzulässig ist.

(6) Die allgemeine Gefahr, dass einem Ausländer in einem anderen Staat Strafverfolgung und Bestrafung drohen können und, soweit sich aus den Absätzen 2 bis 5 nicht etwas anderes ergibt, die konkrete Gefahr einer nach der Rechtsordnung eines anderen Staates gesetzmäßigen Bestrafung stehen der Abschiebung nicht entgegen.

(7) Von der Abschiebung eines Ausländers in einen anderen Staat soll abgesehen werden, wenn dort für diesen Ausländer eine erhebliche konkrete Gefahr für Leib, Leben oder Freiheit besteht. Von der Abschiebung eines Ausländers in einen anderen Staat ist abzusehen, wenn er dort als Angehöriger der Zivilbevölkerung einer erheblichen individuellen Gefahr für Leib oder Leben im Rahmen eines internationalen oder innerstaatlichen bewaffneten Konflikts ausgesetzt ist. Gefahren nach Satz 1 oder Satz 2, denen die Bevölkerung oder die Bevölkerungsgruppe, der der Ausländer angehört, allgemein ausgesetzt ist, sind bei Anordnungen nach § 60a Abs. 1 Satz 1 zu berücksichtigen.

(8) Absatz 1 findet keine Anwendung, wenn der Ausländer aus schwerwiegenden Gründen als eine Gefahr für die Sicherheit der Bundesrepublik Deutschland anzusehen ist oder eine Gefahr für die Allgemeinheit bedeutet, weil er wegen eines Verbrechens oder besonders schweren Vergehens rechtskräftig zu einer Freiheitsstrafe von mindestens drei

Jahren verurteilt worden ist. Das Gleiche gilt, wenn der Ausländer die Voraussetzungen des § 3 Abs. 2 des Asylverfahrensgesetzes erfüllt.

(9) In den Fällen des Absatzes 8 kann einem Ausländer, der einen Asylantrag gestellt hat, abweichend von den Vorschriften des Asylverfahrensgesetzes die Abschiebung angedroht und diese durchgeführt werden.

(10) Soll ein Ausländer abgeschoben werden, bei dem die Voraussetzungen des Absatzes 1 vorliegen, kann nicht davon abgesehen werden, die Abschiebung anzudrohen und eine angemessene Ausreisefrist zu setzen. In der Androhung sind die Staaten zu bezeichnen, in die der Ausländer nicht abgeschoben werden darf.

(11) Für die Feststellung von Abschiebungsverboten nach den Absätzen 2, 3 und 7 Satz 2 gelten Artikel 4 Abs. 4, Artikel 5 Abs. 1 und 2 und die Artikel 6 bis 8 der Richtlinie 2004/83/EG des Rates vom 29. April 2004 über Mindestnormen für die Anerkennung und den Status von Drittstaatsangehörigen oder Staatenlosen als Flüchtlinge oder als Personen, die anderweitig internationalen Schutz benötigen, und über den Inhalt des zu gewährenden Schutzes (ABl. EU Nr. L 304 S. 12).

Literaturverzeichnis

Agentur der Europäischen Union für Grundrechte (2014): Handbuch zu den europarechtlichen Grundlagen im Bereich Asyl, Grenzen und Migration. Luxemburg.

Anderson, Benedict (1996²): Die Erfindung der Nation. Zur Karriere eines folgenreichen Konzepts. Campus Verlag: Frankfurt/New York.

Anhorn, Roland/Bettinger, Frank/Horlacher, Cornelis/Rathgeb, Kerstin (2012): Zur Einführung: Kristallisationspunkte kritischer Sozialer Arbeit. In: Anhorn, Roland/Bettinger, Frank/Horlacher, Cornelis/Rathgeb, Kerstin (Hrsg.)(2012): Kritik der Sozialen Arbeit – kritische Soziale Arbeit. Springer VS: Wiesbaden. S. 1-23.

Anhorn, Roland/Stehr, Johannes (2012): Grundmodelle von Gesellschaft und soziale Ausschließung: Zum Gegenstand einer kritischen Forschungsperspektive in der Sozialen Arbeit. In: Schimpf, Elke/Stehr, Johannes (Hrsg.)(2012): Kritisches Forschen in der Sozialen Arbeit. Wiesbaden: VS Verlag. S. 57- 76.

Arens, Susanne/Mecheril, Paul/Melter, Claus/Olalde, Oscar-Thomas /Romaner, Elisabeth (2013): Migrationsforschung als Kritik? Erkundung eines epistemischen Anliegens in 57 Schritten. In: Arens, Susanne/Mecheril, Paul/Melter, Claus/Olalde, Oscar-Thomas /Romaner,

Elisabeth (Hrsg.) (2013): Migrationsforschung als Kritik?. Konturen einer Forschungsperspektive. Wiesbaden: Springer VS. S. 7-58.

AWO Bundesverband e.V. (2009): Was hält die Gesellschaft zusammen? Sozialbericht 2009 - Zur Zukunft der sozialen Arbeit in Deutschland. Essen: Klartext.

Baumann, Zygmunt (1999): Unbehagen in der Postmoderne. Hamburg: Hamburger Edition.

Bielefeld, Uli (1992): Das Konzept des Fremden und die Wirklichkeit des Imaginären. In: Bieleld, Uli (Hrsg.) (1992[2]): Das Eigene und das Fremde. Neuer Rassismus in der Alten Welt? Hamburg: Junius Verlag. S. 97-128.

Bieleld, Uli (Hrsg.) (1992[2]): Das Eigene und das Fremde. Neuer Rassismus in der Alten Welt? Hamburg: Junius Verlag.

Bonacker, T./Imbusch, P. (2010): Zentrale Begriffe der Friedens- und Konfliktforschung. In P. Imbusch/R. Zoll, Friedens- und Konfliktforschung. Eine Einführung (67-173). Wiesbaden: VS-Verlag für Sozialwissenschaften.

Borchardt, Klaus-Dieter (2006[3]): Die rechtlichen Grundlagen der Europäischen Union. Heidelberg: C. F. Müller Verlag.

Brähler, Elmar/Decker, Oliver/Kiess, Johannes (2014): Die stabilisierte Mitte. Rechtsextreme Einstellung in Deutschland. Leipzig.

Bundesministerium für Arbeit und Soziales (Hrsg.) (2008): Lebenslagen in Deutschland. Der dritte Armuts- und Reichtumsbericht der Bundesregierung. Berlin.

Burzlaff, Miriam/Eifler Naemi (2015): Deutsche Asylpolitik, Proteste Geflüchteter und das Schweigen Sozialer Arbeit. In: Zeitschrift Forum Gemeindepsychologie, Jg. 20 (2015), Ausgabe 1, S. 1-12.

Classen, Claus-Dieter/Nettesheim, Martin/Oppermann, Thomas (2009[4]): Europarecht. München: C.H. Beck.

do Mar Castro Varela, María (2013: „Parallelgesellschaften" und „Nationalmannschaften" – Überlegungen zur Kritik in der Kritischen Migrationsforschung. In: Arens, Susanne/Mecheril, Paul/Melter, Claus/Olalde, Oscar-Thomas /Romaner, Elisabeth (Hrsg.) (2013): Migrationsforschung als Kritik?. Konturen einer Forschungsperspektive. Wiesbaden: Springer VS. S. 65-78.

Edelman, Murray (2005[3]): Politik als Ritual. Die symbolische Funktion staatlicher Institutionen und politischen Handelns. Frankfurt/New York: Campus Verlag.

Fuchs, Michael (2003): Ursachen von Rechtsextremismus und Fremdenfeindlichkeit. Eine vergleichende empirische

Überprüfung theoretischer Konzepte. In: Groenemeyer, Axel/Mansel, Jürgen (2003): Die Ethnisierung von Alltagskonflikten. Leske + Budrich: Opladen. S. 135-154.

Geiger, Rudolf (2009[4]): Grundgesetz und Völkerrecht. Mit Eruoparecht. München: C.H. Beck.

Grabenwarter, Christoph (2008[3]): Europäische Menschenrechtskonvention. München: C.H. Beck.

Groenemeyer, Axel (1999): Soziale Probleme, soziologische Theorie und moderne Gesellschaften. In: Albrecht, Günter/Groenemeyer, Axel/ Stallberg, Friedrich W. (1999): Handbuch soziale Probleme. Wiesbaden: Westdeutscher Verlag. S. 13-71.

Groenemeyer, Axel (2010): Doing Social Problems – Doing Social Control. In: Groenemeyer, Axel (2010): Doing Social Problems: Mikroanalysen der Konstruktion Sozialer Probleme und Sozialer Kontrolle in Institutionellen Kontexten. Wiesbaden: VS Verlag. S. 13-56.

Groenemeyer, Axel (2012): Soziologie sozialer Probleme – Fragestellungen, Konzepte und theoretische Perspektiven. In: Groenemeyer, Axel (Hrsg.)(2012): Handbuch soziale Probleme. VS Verlag: Wiesbaden. S. 17-116.

Groenemeyer, Axel/Hohage, Christoph/Ratzka, Melanie (2012): Die Politik sozialer Probleme. In: Groenemeyer, Axel

(Hrsg.)(2012): Handbuch soziale Probleme. VS Verlag: Wiesbaden. S. 117-191.

Hanak, G./Stehr, J./Steinert, H. (1989): Ärgernisse und Lebenskatastrophen. Über den alltäglichen Umgang mit Kriminalität. Bielefeld: AJZ- Druck und Verlag.

Harbach, Heinz (2008): Eine Soziologie der Ungerechtigkeit. In: Groenemeyer, Axel/Wieseler, Silvia (2008): Soziologie sozialer Probleme und sozialer Kontrolle. Realitäten, Repräsentationen und Politik. Wiesbaden: VS Verlag, S. 48-69.

Heckmann, Friedrich (1992): Ethnos, Demos und Nation, oder: Woher stammt die Intoleranz des Nationalstaats gegenüber ethnischen Minderheiten. In: Bieleld, Uli (Hrsg.) (1992[2]): Das Eigene und das Fremde. Neuer Rassismus in der Alten Welt? Hamburg: Junius Verlag. S. 51-78.

Heckmann, Friedrich (1999): Ethnische Minderheiten. In: Albrecht, Günter/Groenemeyer, Axel/Stallberg, Friedrich W. (Hrsg.)(1999): Handbuch soziale Probleme. Opladen/Wiesbaden: Westdeutscher Verlag. S. 337-353.

Koch, Ute (2009[2]): Migration und Soziale Arbeit. In: Wagner, Leonie/Lutz, Ronald (Hrsg.): Internationale Perspektiven Sozialer Arbeit. Dimensionen – Themen – Organisationen. Wiesbaden: VS Verlag für Sozialwissenschaften, S. 173-190.

Lebhart, Gustav (2002): Internationale Migration. Hypothesen, Perspektiven und Theorien. In: Demografie aktuell. Vorträge-Aufsätze-Forschungsberichte Nr. 19. Berlin.

Lebuhn, Henrik (2013): Migration-Recht-Citizenship. Potentiale und Grenzen eines kritischen Diskurses. In: Paul Mecheril/ Oscar-Thomas Olalde/Claus Melter/Susanne Arens/Elisabeth Romaner (Hrsg.) (2013): Migrationsforschung als Kritik. Konturen einer Forschungsperspektive. Wiesbaden: Springer VS. S. 231-244.

Lee, Everett S (1966): A theory of migration. In: Demography, Vol. 3, Nr. 1, S. 47-57

Legge, Sandra/Mansel, Jürgen (2012): Ethnische Diskriminierung, Rassismus und gruppenbezogene Menschenfeindlichkeit. In: Albrecht, Günter/Groenemeyer, Axel (2012[2]): Handbuch soziale Probleme. Wiesbaden: VS Verlag. S. 494-548.

Marx, Reinhard (1984): Eine menschenrechtliche Begründung des Asylrechts. Rechtstheoretische und –dogmatische Untersuchungen zum Politikbegriff im Asylrecht. Baden-Baden: Nomos.

Mecheril, Paul (2003): Kompetenzlosigkeitskompetenz. Pädagogisches Handeln unter Einwanderungsbedingungen. In: Auernheimer, Georg (Hrsg.) (2003): Interkulturelle

Kompetenz und pädagogische Professionalität. VS: Wiesbaden, S. 15-34.

Mecheril, Paul (2004): Einführung in die Migrationspädagogik. Weinheim/Basel: Beltz.

Miles, Robert (1992: Die Idee der „Rasse" und Theorien über Rassismus. Überlegungen zur britischen Diskussion. In: Bieleld, Uli (Hrsg.) (1992[2]): Das Eigene und das Fremde. Neuer Rassismus in der Alten Welt? Hamburg: Junius Verlag. S. 189-218.

Nader, L./Todd, H. F. (1987): Introduction: The Disputing Process. In dies (Hrsg.), The Disputing Process - Law in Ten Societies (1-40). New-York: o.A.

Nullmeier, Frank (2005): Nachwort von Frank Nullmeier zur Neuausgabe von 2005. In: Edelman, Murray (2005[3]): Politik als Ritual. Die symbolische Funktion staatlicher Institutionen und politischen Handelns. Campus Verlag: Frankfurt/New York. S. 199-219.

Pruitt, D./Rubin, J. (1986): Social conflict. Escalation, stalemate, and settlement (2. Ausg.). New York: McGraw-Hill.

Rahim, M. (1983): A Measure of Styles of Handling Interpersonal Conflict. Academy of Management(Journal 26), 368-376.

Ratzka, Melanie (2008): Politische Konstruktionen der Wirklichkeit – Ein Forschungsfeld der Soziologie sozialer

Probleme. In: Groenemeyer, Axel/Wieseler, Silvia (2008): Soziologie sozialer Probleme und sozialer Kontrolle. Realitäten, Repräsentationen und Politik. Wiesbaden: VS Verlag, S. 15-34.

Rau, Alexandra (2010): Psychopolitik. Macht, Subjekt und Arbeit in der neoliberalen Gesellschaft. Frankfurt/New York: Campus Verlag.

Rommelspacher, Birgit (1995): Dominanzkultur. Texte zu Fremdheit und Macht. Orlanda Frauenverlag: Berlin.

Rössel, J. (2008): Die Konflikttheorie der Theorie der Interaktionsrituale. In T. Bonacker, Sozialwissenschaftliche Konflikttheorien. Eine Einführung (427-445). Wiesbaden: VS-Verlag für Sozialwissenschaften.

Salentin, Kurt (2008): Diskriminierungserfahrungen ethnischer Minderheiten in der Bundesrepublik. In: Groenemeyer, Axel/Wieseler, Silvia (2008): Soziologie sozialer Probleme und sozialer Kontrolle. Realitäten, Repräsentationen und Politik. Wiesbaden: VS Verlag, S. 515-526.

Schetsche, M. (2008): Empiritsche Analyse sozialer Probleme. Das wissenssoziologische Programm. Wiesbaden: VS-Verlag für Sozialwissenschaften.

Schimpf, Elke/Stehr, Johannes (2012): Ausschlussdimensionen der Sozialen-Probleme-Perspektive in der Sozialen Arbeit. In: Schimpf, Elke/Stehr, Johannes (Hrsg.)(2012):

Kritisches Forschen in der Sozialen Arbeit. Wiesbaden: VS Verlag. S. 27-42.

Schroer, Markus (2007): Von Fremden und Überflüssigen. Baumanns Theorie der Ausgrenzung. In: Junge, Matthias/Kron, Thomas (Hrsg.) (2007[2]): Zygmunt Baumann. Soziologie zwischen Postmoderne, Ethik und Gegenwartsdiagnose. Wiesbaden: VS Verlag. S. 427-446.

Stephens, Johannes (2013): Flucht ist kein Verbrechen: Situation von Asylbewerbern in Deutschland. München: AVM Akademische Verlagsgemeinschaft München

Stouffer, Samuel A. (1960): Intervening opportunities and competing migrants. In: Journal of Regional Studies, Vol. 2, Nr. 1, S. 1-26

Täubig, Vicky (2009): Totale Institution Asyl. Empirische Befunde zu alltäglichen Lebensführungen in der organisierten Desintegration. Weinheim/München: Juventa.

Tiedemann, Paul (2009): Das konstitutionelle Asylrecht in Deutschland. Ein Nachruf. In: Zeitschrift für Ausländerrecht und Ausländerpolitik, 29. Jg., Heft 5/6, S. 161-208.

Internetquellen

www.unhcr.org/dach/de/services/statistiken [Abruf am 23. November 2018]

www.uno-fluechtlingshilfe.de/fluechtlinge/zahlen-fakten.html [Abruf am 23. November 2018]

www.bpb.de/gesellschaft/migration/dossier-migration/56551/asyl-fluechtlingspolitik [Abruf am 23. November 2018]

www.sueddeutsche.de/politik/faktencheck-zur-einwanderung-zahlen-gegen-vorurteile-1.2240831 [Abruf am 23. November 2018]

www.unhcr.org/dach/de/services/faq/faq-genfer-fluechtlingskonvention [Abruf am 23. November 2018]

www.uno-fluechtlingshilfe.de/informieren/fluechtlingszahlen/ [Abruf am 19. Juli 2019]